Der Ahrweinführer

AF210947

Über rauhe Pfade zu den Sternen.
Per aspera ad astra.

Seneca

Der Ahrweinführer

Wegweiser zu den besten Weinen des Ahrtals

Ausgabe 2007

Leif-Erik Rauhe

Bibliografische Information der Deutschen
Nationalbibliothek:
Die Deutsche Nationalbibliothek verzeichnet diese
Publikation in der Deutschen Nationalbibliografie;
detaillierte bibliografische Daten sind im Internet über
< http://dnb.d-nb.de > abrufbar.

© 2007 Leif-Erik Rauhe
Umschagfoto: Gerhard Radermacher,
Bad Neuenahr – Ahrweiler
Satz, Umschlagdesign, Herstellung und Verlag:
Books on Demand GmbH, Norderstedt

ISBN 978-3-8334-6871-1

Inhaltsverzeichnis

Vorwort

Mit rund 540 Hektar Rebfläche ist das Ahrtal nicht nur eine der kleinsten, sondern auch eine der feinsten Weinbauregionen Europas. Seit Anfang der 1980er-Jahre erlebte der Weinbau dort einen rasanten qualitativen Aufschwung.

Pionierarbeit leistete Werner Näkel aus Dernau. Er führte u. a. das Barrique, das kleine Eichenholzfass mit 225 Liter Inhalt, an der Ahr ein. Auch der erste „Weiß von Rot" gekelterte Wein – dabei gewinnt man aus den dunklen Trauben des Blauen Spätburgunders einen weißen Wein – wurde von dem Dernauer Erfolgswinzer erzeugt.

Heute verbindet man Namen wie J. J. Adeneuer, Deutzerhof Cossmann-Hehle, Kreuzberg, Meyer-Näkel, Nelles und Jean Stodden mit Weinen von internationaler Reputation. Dynamisch geht es auch bei den Weingütern Brogsitter, Erwin Riske, Burggarten und Peter Kriechel zu. Das 1999 gegründete Weingut Maibachfarm wartet ebenfalls schon mit einer Reihe respektabler Weine auf. Bei den Genossenschaften ragt unverändert die älteste Winzergenossenschaft der Welt in Mayschoß-Altenahr hervor.

Für diesen Ahrweinführer habe ich aus der Fülle aller Weingüter zwischen Altenahr im Westen und Heimersheim im Osten die aktuell besten herausgefiltert und bewertet. Entdecken Sie die große stilistische Vielfalt der Weine von der Ahr und informieren Sie sich über das jeweilige Preis-Leistungs-Verhältnis. Dieses Buch erscheint einmal jährlich in jeweils aktualisierter Form.

Ich wünsche Ihnen eine angenehme Lektüre und hoffe, dass Ihnen die Informationen bei Ihrer Weinauswahl gute Dienste leisten.

Das Bewertungsmodell

Ausgangspunkte des Bewertungsvorgangs sind stets ein persönliches Gespräch mit dem Winzer vor Ort sowie eine Besichtigung des Weinguts und des Weinkellers. Hier bildet sich ein erster Eindruck über die Qualitätsphilosophie und die Arbeitsweise.

Dann wird abgestimmt, welche für das Sortiment repräsentative Auswahl an Weinen in die Probe gelangt. Jeder Wein wird anschließend in Ruhe über ein bis zwei Tage verkostet. Die richtige Temperierung, die Belüftung in der Karaffe und Verwendung hochwertiger Gläser sind dabei selbstverständlich. Diese Vorgehensweise ist außerordentlich zeitaufwändig, führt aber zu sehr verlässlichen Ergebnissen.

Jeder Wein wird objektiv nach folgenden Kriterien beurteilt und bewertet:
- Farbe
- Bukett
- Geschmack und Stilistik

a) Farbe

Hier werden Dichte, Intensität und Klarheit der Farbe eines Weins beurteilt.

b) Bukett

Die Nase nimmt bereits rund ein Drittel des Aromenspektrums eines Weins auf. Folgende Eindrücke lassen sich bewerten:

9

Ausdruckskraft

Wie ist der Ausdruck des Weins? Stark oder schwach? Je ausdrucksvoller der Wein ist, umso höher ist die Bewertung.

Vielschichtigkeit der Aromen

Wie viele verschiedene Aromen sind feststellbar? Bei Rotweinen sind häufig Anklänge von roten und dunklen Beeren, wie Johannisbeeren, Kirschen, Himbeeren, Brombeeren, Erdbeeren, Waldbeeren, Blaubeeren, aber auch von Pflaumen, Holunder und Schlehen erkennbar. Diese kommen in unterschiedlicher Ausprägung und Zusammensetzung vor.

Auch der Ausbau im großen Eichenholzfass (Fuder) oder kleinen Eichenholzfass (Barrique), die Herkunft und Verarbeitung des jeweiligen Holzes sowie die Lagerzeit im Fass äußern sich in verschiedener Weise. Hier zeigt sich der Könner unter den Winzern: Insbesondere der Einsatz von Barriques muss mit Augenmaß auf das Potenzial der jeweiligen Fruchtfülle abgestimmt werden. Barriques sind keine primäre Aromakomponente, sondern runden den Wein ab und verleihen ihm zusätzliche Lagerfähigkeit, die der Wein benötigt, um sein volles Potenzial auszuschöpfen. Billigweine zweifelhafter Herkunft erkennt man an ihrer eindimensionalen, vordergründigen holzigen Note („Bahnschwelle"). Qualitätsweine zeichnen sich hingegen durch differenzierte Röstnoten, rauchige Noten, vielschichtige Edelholznoten und eine feine Vanillenote aus, die harmonisch im Hintergrund die Frucht des Weins untermalen und abrunden, aber niemals überdecken.

Ferner sind Aromen von Gewürzen, Kräutern, Tabak, Schokolade, mineralische Noten und florale Noten – wie Veilchen oder Holunderblüten – erkennbar.

Je vielschichtiger sich der Wein präsentiert, umso höher ist die Bewertung. Die Intensität der Aromen wird im Folgenden in aufsteigender Reihenfolge mit fein, dezent und präsent umschrieben.

Differenziertheit der Aromen

Jedes einzelne Aroma wirkt wiederum ein- oder mehrdimensional, ist also entweder nicht in einzelne Nuancen zerlegbar oder zeigt im Gegenteil einen großen Nuancenreichtum. So kann ein einfacher Wein nur ein eindimensionales Kirscharoma aufweisen, während sich in einem hochwertigen Wein ein differenziertes Aromenspektrum unterschiedlicher Kirschsorten, z. B. Sauer-, Schwarz- und Amarenenkirschen, eröffnet. Je größer die Differenziertheit der einzelnen Aromen, desto höher ist die Bewertung.

Ausgewogenheit

Passen die einzelnen Aromen zueinander und ergänzen sich, oder wirken sie unausgewogen? Im Idealfall verbinden sich die Einzelaromen zu einem komplexen Gesamteindruck aus gut wahrnehmbarer Frucht, harmonisch abgerundet durch untermalende und ergänzende Holznoten. Je ausgewogener der Wein ist, umso besser ist die Bewertung.

Tiefgründigkeit

Insbesondere Weine von alten Rebstöcken mit niedrigen Erträgen und einem hohen Mostgewicht beeindrucken durch ihre Tiefgründigkeit. Weine von jungen Rebstöcken erreichen diese Tiefgründigkeit nicht. Im Idealfall bietet der Wein auch nach Stunden immer neue Geruchseindrücke. Die Bewertung fällt umso höher aus, je tiefgründiger der Wein ist.

c) Geschmack und Stilistik

Hinsichtlich Ausdruckskraft, Vielschichtigkeit, Differenziertheit und Tiefgründigkeit gilt sinngemäß das Gleiche wie bei b).

Weitere Eindrücke, die sich über den Geschmack erschließen:

Struktur

Wirkt der Wein gut strukturiert, straff durchgezeichnet wie aus einem Guss oder eher konturlos und ufert aus? Je strukturierter der Wein ist, desto höher ist die Bewertung.

Substanz und Dichte

Wie präsent ist der Wein am Gaumen? Wirkt er dünn oder ist er im besten Sinne „vollmundig"? Idealerweise hat der Wein eine seidige oder samtige Anmutung, ohne aufdringlich überladen zu wirken. Je präsenter sich der Wein darstellt, umso besser ist die Bewertung.

Eleganz

Hochwertige Weine zeichnen sich bei aller Dichte und Komplexität stets durch eine elegante oder geschmeidige Erscheinung aus und wirken niemals plump. Insbesondere der Spätburgunder ist sortentypisch von elegantem Charakter. Die Bewertung nimmt mit der Eleganz zu.

Säure

Im Wein sind unterschiedliche Säuren anzutreffen. Im Folgenden werden sie mit fein, dezent und präsent umschrieben. Präsente, also deutlich wahrnehmbare Säure, lässt in Verbindung mit ebenfalls präsenten Tanninen oft auf weiteres Lagerpotenzial schließen. Je harmonischer die Säure eingebunden ist, desto besser wird der Wein bewertet.

Tannine

Tannine (Gerbstoffe) gewinnt der Wein aus den festen Traubenbestandteilen. Zusätzliche Tannine nimmt der Wein während der Lagerung aus dem Fassholz auf. Im Idealfall sind die Tannine gut eingebunden, d. h. sie haben sich mit der Frucht harmonisch verbunden, geben dem Wein ein „Rückgrat" und verleihen ihm ein gutes Lagerpotenzial. Im Folgenden wird das Vorkommen von Tanninen mit fein, dezent und präsent umschrieben. Die Bewertung ist umso höher, je besser die Tannine eingebunden sind.

Balance

Frucht, Alkoholgehalt, Restzucker, Säure und Tannine sind im günstigsten Fall harmonisch ausbalanciert. In sehr heißen Jahren, wie 2003, wirkten die Weine durch den untypisch hohen Alkoholgehalt und die niedrige Säure oft unharmonisch alkoholisch und hatten auch nur ein schlechtes Lagerpotenzial. Grundvoraussetzung für einen idealtypischen, harmonischen Wein ist eine frühe Blüte, ein sonniger Sommer ohne zu große Hitze bei ausreichenden Niederschlägen und ein trockener Herbst. Die Bewertung steigt mit der Balance.

Nachhall

Ein hochwertiger Wein zeichnet sich durch einen langen Nachhall („Abgang") aus. Im Folgenden wird der Nachhall aufsteigend mit kurz, mittel und lang beschrieben und bewertet.

Bekömmlichkeit

Qualitätsweine werden zumeist durch biologische bzw. naturnahe Verfahren erzeugt. Mit der Bekömmlichkeit steigt die Bewertung.

Bewertungsskala

Auf der Basis der vorgenannten Kriterien werden die Weine in aufsteigender Reihenfolge wie folgt bewertet:

Sterne: Bewertung:

*	Gut	Solide Standardqualität
**	Gut +	Mittelklasse
***	Sehr gut	Obere Mittelklasse
****	Sehr gut +	Oberklasse
*****	Exzellent	Das Optimum des Erreichbaren

Die Gesamtbewertung des Weinguts ergibt sich aus der Summe der Einzelbewertungen der drei besten Weine des jeweiligen Sortiments. Hierbei werden nur Spät- und Frühburgunder der aktuellen Jahrgänge herangezogen (für die Ausgabe 2007 sind dies die Jahrgänge 2004 und 2005) – Vergleichbarkeit und eine ausreichend breite Basis sind somit gegeben. Maximal erreichbar sind 3 mal 5 Sterne = 15 Sterne. Die Sterne werden dann eins zu eins in Punkte umgerechnet.

Beispiel: Weingut J.J. Adeneuer

Einzelbewertung 1: Walporzheimer Gärkammer, Spätburgunder, GROSSES GEWÄCHS VDP, 2004 (*****)

Einzelbewertung 2: Ahrweiler Rosenthal, Spätburgunder, GROSSES GEWÄCHS VDP, 2004 (****)

Einzelbewertung 3: J. J. N° 1, Spätburgunder, 2005 (***)

Ergibt in Summe 5 + 4 + 3 Sterne = 12 von maximal 15 erreichbaren Punkten.

Preis-Leistungs-Verhältnis

Eine Reihe von Weinen bieten für den geforderten Preis einen überdurchschnittlichen Gegenwert. Um dies zum Ausdruck zu bringen, wird bei jedem Wein zusätzlich zur Qualitätsbewertung in Sternen auch das jeweilige Preis-Leistungs-Verhältnis nach folgender Skala angegeben:

Wertung:	Bedeutung:
Gut	Angemessener Durchschnittspreis
Sehr gut	Überdurchschnittlich gut für diesen Preis
Exzellent	Weit überdurchschnittlich gut für diesen Preis

Da die Mengen der Weine, deren Preis-Leistungs-Verhältnis mit „Sehr gut" oder „Exzellent" bewertet werden, erfahrungsgemäß sehr schnell vergriffen sind, ist eine rasche Order bzw. eine Vorreservierung ratsam.

Hintergrundinformationen

Die Böden

Der Grundstein für den Weinbau im Ahrtal wurde im Devon vor 359 bis 416 Millionen Jahren gelegt. Damals, zwischen Silur und Kreidezeit, bildete sich der Schiefer, ein leicht umgewandeltes Sedimentgestein, das aus ozeanischen Tonschlämmen hervorging. Schiefer kommt in verschiedenen Farben vor und ist Namensgeber sowohl für Weinbergslagen wie die Neuenahrer Schieferlay als auch für Weine wie den Spätburgunder „Devonschiefer" vom Weingut Kreuzberg. Neben dem Schiefer und seinen Verwitterungsböden spielen Grauwacke, Lehm und Löss eine wichtige Rolle.

Die Weinbergslagen

Es sind zumeist Steil- und Steilstlagen, die das Landschaftsbild an der Ahr prägen. Daher ist die Bewirtschaftung sehr aufwändig und mit viel Handarbeit verbunden. Insgesamt verteilen sich mehr als 40 Weinbergslagen auf 11 Gemarkungen:

Gemarkung:	Lagennamen:
Ahrweiler	Daubhaus, Forstberg, Riegelfeld, Rosenthal, Silberberg, Ursulinengarten
Altenahr	Eck, Übigberg
Bachem	Karlskopf, Sonnenschein, Steinkaul

Dernau	Burggarten, Goldkaul, Hardtberg, Pfarrwingert, Schieferlay
Heimersheim	Burggarten, Kapellenberg, Landskrone
Heppingen	Berg, Burggarten
Mayschoß	Burgberg, Laacherberg, Lochmühlerlay, Mönchberg, Silberberg, Schieferlay
Marienthal	Jesuitengarten, Klostergarten, Rosenberg, Stiftsberg, Trotzenberg
Neuenahr	Kirchtürmchen, Schieferlay, Sonnenberg
Rech	Blume, Hardtberg, Herrenberg
Walporzheim	Alte Lay, Domlay, Gärkammer, Himmelchen, Kräuterberg, Pfaffenberg

Das Terroir

Güte und Charakter einer Weinbergslage, das handwerkliche Können des Winzers und die Jahrgangsqualität verbinden sich zum „Terroir". Dies bedeutet: Erstklassige Lagen bringen qualitativ hochwertige Weine hervor, denen man unverwechselbare und wiedererkennbare stilistische Eigenschaften zuordnen kann. So sind z. B. der mächtige „Recher Herrenberg", der kraftvolle „Ahrweiler Silberberg", der feinduftig-elegante „Dernauer Pfarrwingert" oder die delikate „Walporzheimer Gärkammer" durchaus gut voneinander zu unterscheiden.

18

Der VDP

Der Verband Deutscher Prädikatsweingüter (VDP) hat sich dem Terroir-Gedanken schon früh verschrieben. Als Verband Deutscher Naturweinversteigerer e. V. wurde er 1910 gegründet und ist damit die älteste Vereinigung von Spitzenweinerzeugern der Welt.

Heute hat der VDP rund 200 Mitgliedsbetriebe aus allen deutschen Anbaugebieten und repräsentiert damit nahezu die gesamte Spitze des deutschen Weinbaus.

Der VDP verfolgt im Wesentlichen drei Ziele:

- Förderung naturgemäßen Weinbaus
- Stetige Qualitätsverbesserung der Mitgliedsbetriebe
- Pflege der jahrhundertealten Weinkultur und Weingeschichte in Deutschland

Auf zwei Ebenen wirkt die VDP-Klassifikation: Zum einen ist die VDP-Mitgliedschaft eine Gutsklassifikation, vergleichbar mit dem in Bordeaux verwendeten System. Zum anderen klassifiziert das VDP-Statut die Terroirs, ähnlich dem in Burgund üblichen Lagensystem. Es werden also die Stärken aus zwei bewährten Klassifizierungssystemen in einem System zusammengeführt. Nach zehnjähriger Arbeit wurde 2002 das VDP-Statut zur Klassifikation für GROSSE / ERSTE GEWÄCHSE von der Mitgliederversammlung verabschiedet. Im August 2003 hat der Regionalverband Ahr des VDP das Klassifikationsstatut übernommen. Das Klassifikationsmodell umfasst folgende drei Qualitätsstufen (Stand 2006):

1. Stufe (höchste Stufe): ERSTE LAGE

- GROSSE GEWÄCHSE (trockene Weine)
- Edelsüße Weine mit den traditionellen Prädikatsstufen Kabinett, Spätlese, Auslese, Beerenauslese, Trockenbeerenauslese

2. Stufe: Klassifizierte Lagenweine

- Weisen eine besondere Lagen- bzw. Herkunfts-Charakteristik auf
- Müssen besondere qualitative Kriterien erfüllen

3. Stufe: Guts- und Ortsweine

Dem Regionalverband Ahr des VDP sind folgende sechs Weingüter angeschlossen:

- J.J. Adeneuer, Ahrweiler
- Deutzerhof Cossmann-Hehle, Mayschoß
- Kreuzberg, Dernau
- Meyer-Näkel, Dernau
- Nelles, Heimersheim
- Jean Stodden, Rech

Die GROSSE GEWÄCHSE VDP

Als GROSSE GEWÄCHSE VDP sind folgende Lagen der vorgenannten Mitgliedsbetriebe klassifiziert worden:

Altenahrer Eck
Spätburgunder   Deutzerhof Cossmann-Hehle

Ahrweiler Rosenthal

Spätburgunder	J. J. Adeneuer
Spätburgunder	Jean Stodden

Ahrweiler Silberberg

Spätburgunder	Kreuzberg

Dernauer Pfarrwingert

Spätburgunder	Meyer-Näkel

Heimersheimer Burggarten

Spätburgunder	Nelles

Heimersheimer Landskrone

Spätburgunder	Deutzerhof Cossmann-Hehle
Spätburgunder	Nelles
Frühburgunder	Nelles

Mayschosser Mönchberg

Spätburgunder	Deutzerhof Cossmann-Hehle
Spätburgunder	Jean Stodden

Neuenahrer Kirchtürmchen

Spätburgunder	Deutzerhof Cossmann-Hehle

Neuenahrer Schieferlay

Spätburgunder	Kreuzberg

Neuenahrer Sonnenberg

Spätburgunder	Meyer-Näkel
Spätburgunder	Jean Stodden

Recher Herrenberg
Spätburgunder   Jean Stodden

Walporzheimer Gärkammer
Spätburgunder   J. J. Adeneuer

Walporzheimer Kräuterberg
Spätburgunder   Meyer-Näkel

Als GROSSES GEWÄCHS VDP klassifizierte Weine müssen strenge Anforderungen erfüllen. Für die im Regionalverband Ahr des VDP erzeugten GROSSEN GEWÄCHSE gelten folgende Kriterien:

- Zugelassen für Rotweine sind ausschließlich die besten regionaltypischen Rebsorten Spätburgunder und Frühburgunder, für Weißweine Riesling.
- Die Weinbergslagen sind parzellengenau abgegrenzt und umfassen nur die Rebflächen mit den kontinuierlich besten Wachstumsbedingungen.
- Maximale Erntemenge: 50 Hektoliter pro Hektar (hl / ha), selektive Handlese ist obligatorisch.
- Das natürliche Mostgewicht des Leseguts muss mindestens 90 ° Oechsle betragen.
- Für die Weinerzeugung sind ausschließlich traditionelle Verfahren zugelassen.
- Es werden durch den VDP über die normale Prüfung hinausgehende Kontrollen während der Vegetationsperiode und vor der Ernte vorgenommen. Insbesondere findet eine Überwachung der qualitätsorientierten Weinbergsarbeit und der Einhaltung der Ertragsobergrenzen statt.

- Eine Kommission des VDP führt eine sensorische Prüfung der Weine vor und nach der Abfüllung durch.
- Die Freigabe der GROSSEN GEWÄCHSE erfolgt bei Weißweinen am 1. September des auf die Lese folgenden Jahres, bei Rotweinen ein Jahr später.
- GROSSE GEWÄCHSE werden in den Preislisten speziell gekennzeichnet.

Durch diese restriktiven Vorgaben gehören die GROSSEN GEWÄCHSE VDP stets zum Besten, was die jeweilige Region zu bieten hat, und sind ihren angemessenen Preis wert.

Insgesamt ist das Klassifikationsmodell des VDP als ein sehr positiver weiterer Schritt in die richtige Richtung zu bewerten. Der Gesetzgeber wäre gut beraten, das bestehende Weingesetz in diesem Sinne zu modernisieren. Zum Teil ist dies auch bereits geschehen.

Weingüter & Weine

Weingut J. J. Adeneuer

Max-Planck-Straße 8
53474 Bad Neuenahr-Ahrweiler
Tel. (02641) 34473
www.adeneuer.de

Inhaber: Frank und Marc Adeneuer
Mitglied im VDP

Bewertung: 12 von 15 Punkten

Öffnungszeiten:

Montag – Freitag	9 bis 12 Uhr / 13.30 bis 18 Uhr
Samstag	10 bis 15 Uhr
Sonntag und Feiertage	nach Vereinbarung

Das Weingut J. J. Adeneuer wurde vor über 500 Jahren von Johann Josef Adeneuer gegründet und gehört damit zu den ältesten Traditionsbetrieben an der Ahr. Im Jahr 1984 übernahmen die Brüder Frank (Kellermeister und Außenbetrieb) und Marc Adeneuer (Verkauf und Verwaltung) die Leitung. Seitdem hat sich die Qualität der Weine kontinuierlich Jahr für Jahr verbessert.

Das stattliche Gutshaus macht einen freundlichen Eindruck und verfügt über eine große, holzgetäfelte und gediegen eingerichtete Probierstube. Nach Terminvereinbarung werden Weinproben und Weinbergsbesichtigungen für bis zu 30

Personen angeboten. Im Gut herrscht stets eine unaufgeregte Betriebsamkeit und häufig sind Besucher aus dem In- und Ausland zu Gast.

J. J. Adeneuer ist das einzige reine Rotweingut an der Ahr. Im Sortenbesatz steht der Spätburgunder mit über 85 Prozent im Vordergrund, gefolgt vom Frühburgunder mit etwa 10 Prozent. Während der Portugieser aus dem Sortenspiegel verschwunden ist, werden aus dem bereits seit 1971 angepflanzten Dornfelder solide Qualitätsweine erzeugt.

Spitzenlagen des Weinguts befinden sich vor allem im Neuenahrer Sonnenberg und im Ahrweiler Rosenthal. Prunkstück ist die Walporzheimer Gärkammer, die seit dem 18. Jahrhundert im Monopolbesitz der Familie ist. Mit 0,68 Hektar ist diese nach Süden ausgerichtete Steillage die kleinste Weinbergslage im Anbaugebiet. Hohe Weinbergsmauern fangen Sonne und Wärme ein und sorgen für ein fast mediterranes Mikroklima. Auf Böden aus Schieferverwitterungsgestein mit Gehängelehm wachsen bis zu 70 Jahre alte Spätburgunder-Reben. Der Ertrag liegt je nach Jahrgang bei unter 25 hl/ha.

Die Weinberge werden sehr aufwändig nach den naturnahen Methoden des integrierten Weinbaus bewirtschaftet.

Das Sortiment des Weinguts ist klar gegliedert und wurde Jahr für Jahr weiter gestrafft. Neben unkomplizierten Weinen für den Alltag, soliden Bankettweinen und den gebietstypischen Spezialitäten wie Weißherbst und Blanc de Noir vom Spätburgunder findet der Kunde auch hochwertigste Qualitäten für den besonderen Anlass. Dornfelder, Sekte und Tresterbrände runden das Sortiment ab.

Alle Weine sind unaufdringlich, sortentypisch elegant, verfügen immer über eine gute Substanz und sind bereits früh genussreif. Während die klassisch im großen Holzfass (Fuder) ausgebauten Weine bereits ein bis drei Jahre nach der Abfüllung großes Trinkvergnügen bereiten, verfügen die im Barrique ausgebauten Weine über ein Lagerpotenzial von bis zu etwa 10 Jahren.

Besonders angenehm fällt die sehr günstige Preisgestaltung auf.

Blanc de Noir, Spätburgunder weiß gekeltert, 2005, QbA, trocken, 0,75 l, € 7,20

Qualität: * (Gut)
Preis-Leistungs-Verhältnis: Sehr gut

Dies ist ein klassischer, leichter Terrassenwein für Frühjahr und Sommer von heller, strohgelber Farbe mit einem Hauch Kupfer. Aus ganzen Trauben gepresst, hat das Bukett die für weiß gekelterten Spätburgunder typische „weinige" Note. Am Gaumen finden sich Akzente von weißen und roten Früchten bei kurzem Nachhall. Die Trinktemperatur ist ideal bei 8° bis 10 °C. Nach der Abfüllung ist der Wein bereits genussreif und sollte innerhalb von ein bis drei Jahren getrunken werden. Er passt zu allen nicht zu stark gewürzten Speisen. Probieren Sie diesen Wein einmal zu Spargel oder gegrillten Gambas.

Ahrweiler Spätburgunder, 2005, QbA, trocken, 0,75 l, € 7,70

Qualität: ∗ (Gut)
Preis-Leistungs-Verhältnis: Sehr gut

Dieser leichte, unkomplizierte, klassische und elegante Spätburgunder wurde komplett im Fuder ausgebaut. Er zeigt ein helles Rubinrot und hat ein feines, unaufdringliches Bukett mit Kirschnoten. Der Wein hat Substanz, ist ausgewogen, mit gut eingebundener, feiner Säure bei kurzem Nachhall. Bei 15° bis 16 °C bereitet er den größten Trinkgenuss. Vom ersten bis zum dritten Jahr nach der Abfüllung schmeckt er am besten.

Dornfelder Barrique, 2004, QbA, trocken, 0,75 l, € 8,70

Qualität: ∗ (Gut)
Preis-Leistungs-Verhältnis: Sehr gut

Dieser Dornfelder aus dem Ahrweiler Forstberg stammt von Rebstöcken, die bereits 1971 gepflanzt wurden. Der Ausbau erfolgte über 12 Monate im Barrique. Hierbei wurden gebrauchte Fässer in fünfter Belegung verwendet, um nur einen sehr dezenten Holzton zu erzielen und dem Wein mehr Substanz mitzugeben.

Er ist von dunkler, violetter Farbe und hat ein dezentes Bukett, geprägt von roten und dunklen Früchten, z. B. Schwarzkirschen, abgerundet durch dezente Holznoten im Hintergrund. Im Geschmack sind wiederum rote Früchte, Kirschen, Cassis sowie Blau- und Brombeertöne erkennbar. Im Stil ganz leicht kühl, zeigt die dezente Säure in Verbindung mit den gut eingebundenen Tanninen im kurzen Abgang noch das Lagerpotenzial.

Der Wein sollte idealerweise bei etwa 16° bis 17°C im dritten bis fünften Jahr nach der Abfüllung getrunken werden.

J. J. Adeneuer, Spätburgunder, 2005, QbA, trocken, 0,75 l, € 9,90

Qualität: * (Gut)
Preis-Leistungs-Verhältnis: Sehr gut

Dieser Spätburgunder ist die Visitenkarte des Weinguts im unteren Preisbereich. Zwei Drittel des Leseguts wurden im Fuder, ein Drittel in Barriques ausgebaut. Die Farbe ist von mittlerem Rubinrot.

Bukett und Geschmack zeigen rote Früchte, etwas Kirschen, etwas Cassis, sowie feine Vanille- und Holztöne im Hintergrund. Der Wein ist ausgewogen, elegant und verfügt über eine gute Substanz. Die Tannine sind gut eingebunden und die Säure dezent bei kurzem Nachhall. Dieser Wein sollte bevorzugt bei 16° bis 17°C im dritten bis fünften Jahr nach der Abfüllung genossen werden.

J. J. N° 2, Spätburgunder, 2005, QbA, trocken, 0,75 l, € 13,40

Qualität: ** (Gut +)

Preis-Leistungs-Verhältnis: Sehr gut
Dieser Spätburgunder ist eine Cuvée aus den besten Lagen. Er wurde zu 100 Prozent in Barriques ausgebaut. Um auch hier nur eine dezente Holzaromatik, vor allem aber eine verbesserte Struktur und Lagerfähigkeit zu erreichen, wurden gebrauchte Fässer in Dritt- bis Fünftbelegung verwendet.

Von satter, mittlerer, rubinroter Farbe, zeigen sich im sortentypischen Bukett feine Aromen von Edelhölzern und roten Früchten. Am Gaumen werden diese Eindrücke bestätigt. Der Wein ist elegant, ausgewogen, zeigt eine dezente Säure und dezente Tannine für gutes Lagerpotenzial im mittleren Nachhall.

Trinkreif ist der Wein bereits im ersten Jahr nach der Abfüllung, bereitet aber erst im zweiten bis fünften Jahr nach Abfüllung bei 16° bis 18 °C maximalen Genuss. Als Bankettwein passt er gut zu Geflügel und Wild.

Neuenahrer Sonnenberg, Frühburgunder, 2005, QbA, trocken, 0,75 l, € 15,40

Qualität: ** (Gut +)
Preis-Leistungs-Verhältnis: Sehr gut

Nur 32 hl / ha wurden von diesem milden und kraftvollen Frühburgunder erzeugt. Der Wein wurde 9 Monate in gebrauchten Barriques in Zweit- bis Fünftbelegung ausgebaut. Von intensiver, mittlerer rubinroter Farbe, zeigt er in Bukett und Geschmack eine feine Cassis-Aromatik und feine Holznoten. Milde Säure und präsente Tannine im mittleren

Nachhall zeugen von einem soliden Lagerpotenzial. Dieser Wein sollte im dritten bis fünften Jahr nach Abfüllung bei 16° bis 18°C zu Braten mit dunklen Saucen, z. B. Hirschkalb, genossen werden.

Walporzheimer Gärkammer, Spätburgunder, 2005, QbA, trocken, 0,75 l, € 19,80

Qualität: ∗∗∗ (Sehr gut)
Preis-Leistungs-Verhältnis: Sehr gut

Traditionell und klassisch im Fuder ausgebaut, wirkt dieser Spätburgunder aus der besten Lage des Weinguts im Stil sehr filigran und hochelegant. Der Wein hat eine mittlere, dichte und klare rubinrote Farbe. Das Bukett ist vielschichtig und zeigt differenzierte Aromen von roten Früchten sowie einen dezenten und angenehmen feinen Ton von Bittermandeln. Ganz im Hintergrund sind sehr feine Holznoten wahrnehmbar.

Am Gaumen präsentiert er sich sehr elegant im Stil mit tiefgründigen, aber sehr unaufdringlichen Aromen insbesondere roter Früchte. Eine weiche Säure und milde Tannine begleiten den mittleren Nachhall.

Vom ersten bis zum dritten Jahr nach Abfüllung bereitet dieser Wein bei 16° bis 18 °C maximalen Trinkgenuss und ist ein guter Begleiter zu zartem Wildgeflügel.

J. J. N° 1, Spätburgunder, 2004, QbA, trocken, 0,75 l, € 19,80

Qualität: ∗∗∗ (Sehr gut)
Preis-Leistungs-Verhältnis: Exzellent

Diesem hochwertigen Spätburgunder gebührt für diesen Preis eine ausdrückliche Empfehlung. Die Erntemenge liegt bei niedrigen 50 bis 55 hl / ha. Der Wein wurde zu 100 Prozent über 15 bis 18 Monate in Barriques ausgebaut. Verwendet wurden sowohl neue als auch gebrauchte Fässer (Zweitbelegung). Da der Wein unfiltriert abgefüllt wurde, sollte er dekantiert werden.

Die Farbe zeigt ein ausdrucksstarkes, intensives, tiefes Rubin-Granat. Im ausdrucksvollen, harmonischen und tiefgründigen Bukett finden sich rote und dunkle Beeren, dezentes Cassis, feine, differenzierte Röstaromen sowie ein feiner Vanilleton. Die konzentrierte Frucht von guter Substanz trägt den Alkoholgehalt und den langen Ausbau im Barrique mühelos. So wirkt dieser kraftvoll-samtige Wein zugleich auch sehr elegant und harmonisch, ist dicht und vielschichtig, mit feiner Säure, bestens eingebundenen Tanninen bei langem Nachhall.

Bei 17° bis 18 °C im zweiten bis sechsten Jahr nach der Abfüllung bereitet er maximalen Genuss.

Ahrweiler Rosenthal, Spätburgunder, 2004, GROSSES GEWÄCHS VDP, QbA, trocken, 0,75 l, € 33,00

Qualität: ✳✳✳✳ (Sehr gut +)
Preis-Leistungs-Verhältnis: Gut

Dieser Spätburgunder, dessen Erntemenge bei nur 50 hl / ha liegt, zeigt ein ausdrucksstarkes, tiefes und intensives Rubin-Granat. Der Ausbau erfolgte über 18 Monate zu 100 Prozent in neuen Barriques. Dekantierung wird empfohlen, da der Wein unfiltriert abgefüllt wurde.

Im Bukett ist ein vielschichtiges, intensives, aber unaufdringliches und differenziertes Aromenspektrum aus roten Früchten, Eichenholz und Vanille wahrnehmbar. Mit guter, dichter Präsenz am Gaumen, zeigt der Wein eine samtige und elegante Fülle. Harmonisch, tiefgründig, mit dezenter Säure und feinen, aber mächtigen Tanninen, besitzt er eine gute Alterungsstruktur. Der Nachhall ist lang und vielschichtig.

In perfekter Form wird sich der Wein etwa zwischen den Jahren 2009 und 2012 zeigen, bevorzugt bei einer Trinktemperatur von 17° bis 18°C. Er ist ein guter Begleiter kräftiger Braten mit dunklen Saucen sowie von Wild und Wildgeflügel.

Walporzheimer Gärkammer, Spätburgunder, 2004, GROSSES GEWÄCHS VDP, QbA, trocken, 0,75 l, € 54,00

Qualität: ✶✶✶✶✶ (Exzellent)
Preis-Leistungs-Verhältnis: Exzellent

Dieser Spätburgunder aus der Vorzeigelage des Weinguts ist eine Top-Empfehlung und gehört an der Ahr zweifellos zu den fünf besten Weinen dieses Jahrgangs überhaupt. Von den 60 bis 70 Jahre alten Rebstöcken wurden lediglich 20 bis 30 hl / ha geerntet; etwa 1 500 Flaschen wurden abgefüllt. Der Ausbau erfolgte über 18 Monate zu 100 Prozent in neuen Barriques aus französischer Eiche. Eine Dekantierung ist empfehlenswert, da auch dieser Wein unfiltriert abgefüllt wurde.

Er hat eine tiefe, intensive, ausdrucksstarke rubinrote Farbe. Das Bukett ist von einer tiefgründigen, komplexen und differenzierten Aromatik insbesondere reifer roter Beeren geprägt. Im Hintergrund runden subtile und differenzierte Röstaromen das Gesamtbild ab. Am Gaumen hat der Wein eine sehr dichte, samtige Präsenz und ist dabei doch von eleganter Geschmeidigkeit, tiefgründig, differenziert und gut strukturiert. Perfekt ausgewogen zeigen sich die milde Säure und die mächtigen Tannine. Überraschend angenehm ist der Wein bereits jetzt zu genießen.

Von Ende 2007 bis 2012 wird er bei 17° bis 18 °C ein perfektes Genusserlebnis bieten, ob als „Meditationswein" oder zu feinstem Wildbret.

Weingut Brogsitter

Max-Planck-Straße 1
53501 Grafschaft-Gelsdorf
Tel. (0180) 5250950 (12 Cent / Minute bundesweit)
www.brogsitter.de

Inhaber: Hans-Joachim Brogsitter

Bewertung: 10 von 15 Punkten

Öffnungszeiten:
Montag – Freitag	8 bis 20 Uhr
Samstag	9 bis 20 Uhr
Sonntag	13 bis 19 Uhr

Wer den Namen Brogsitter hört, denkt spontan an das 1246 gegründete historische Gasthaus Sanct-Peter oder das gleichnamige Romantikhotel in Walporzheim.

Das eigentliche Herz des Unternehmens schlägt aber in Grafschaft-Gelsdorf. Hier hat die Familie Brogsitter, deren Unternehmen auf eine über 400-jährige Tradition zurückblicken kann, in den letzten Jahren erhebliche Summen in die beeindruckende neue Kellerei und die umfangreiche Erweiterung der Logistik-Kapazitäten investiert. Winzerromantik will in den funktionalen Gebäuden nicht so recht aufkommen, immerhin können aber die Weine des Guts, der Privat-Sektkellerei und des Handelshauses in der Vinothek probiert und erworben werden.

Auch wenn das Weingut nur einen kleinen Teil der gesamten unternehmerischen Aktivitäten ausmacht, verfügen Brogsitters doch über eine Reihe von Weinbergslagen von beachtlicher Qualität. Neben 7,5 Hektar eigener Rebflächen wird auf die Ernte von Vertragswinzern mit weiteren 30 Hektar zugegriffen.

Die Erfahrungen des international agierenden Handelsunternehmens, kombiniert mit den Ressourcen bester Weinbergslagen, kommen dem straffen, vorbildlich gegliederten Sortiment zugute. Natürlich ist es wieder der Spätburgunder, der die Hauptrolle spielt. Darüber hinaus verfügt das Weingut über umfangreiche Parzellen mit teilweise sehr alten Frühburgunder-Rebstöcken und gehört damit zu den führenden Frühburgunder-Erzeugern im Ahrtal.

Mit der „Graf von Are"-Serie, dem PrimAhr und der Privaten Selection erhält der Kunde gute Standard-Qualitäten. Im qualitativen Mittelfeld sind die Weine der Selection B angesiedelt, die bereits höheren Ansprüchen genügen und auch gut für den gehobenen Bankett-Bereich geeignet sind. Ad Aram („An der Ahr") Spätburgunder und Ad Aram Frühburgunder sind hochwertige, in Barriques ausgebaute Qualitätsweine von besonderen Lagen. Die Weine der Serie „Hommage Sanct-Peter" wurden erst vor Kurzem neu aus der Taufe gehoben. Hierbei handelt es sich um rare Lagenweine, die nur in den besten Jahren abgefüllt werden.

Als Spitzenlagen sind hier vor allem die Walporzheimer Alte Lay (Spätburgunder), der Walporzheimer Pfaffenberg

(Frühburgunder) und der Ahrweiler Rosenthal (Spätburgunder) zu nennen.

Das Preis-Leistungs-Verhältnis ist über das gesamte Sortiment hinweg sehr positiv zu bewerten; die Weine sind ausnahmslos empfehlenswert.

Graf von Are, Spätburgunder, 2005, QbA, trocken, 0,75 l, € 7,95

Qualität: * (Gut)
Preis-Leistungs-Verhältnis: Sehr gut

Die Farbe ist von sattem, mittlerem Rubinrot. Im Bukett finden sich rote Früchte wie Kirschen und Himbeeren mit dezenten Röstaromen im Hintergrund. Dieser Spätburgunder ist klassisch, samtig, leicht, elegant und präsentiert sich mit saftiger Frucht. Harmonisch und ausgewogen, mündet dieser unkomplizierte Wein bei dezenten Tanninen in kurzem Nachhall.

Bevorzugt sollte der Wein bei 16° bis 17°C bis Ende 2008 getrunken werden. Empfehlenswert ist es, den Wein ein bis zwei Stunden in der Karaffe „atmen" zu lassen.

Private Selection, Spätburgunder, 2005, QbA, trocken, 0,75 l, € 8,95

Qualität: * (Gut)
Preis-Leistungs-Verhältnis: Sehr gut

Dieser Spätburgunder zeigt ein leuchtendes, kräftiges, mittleres Rubinrot. Im Bukett finden sich Anklänge roter Früchte, wobei Akzente von Kirschen und Himbeeren vorherrschen. Am Gaumen wird dieser Eindruck mit saftiger Frucht bestätigt. Der Wein ist in klassischem Stil, elegant, leicht, harmonisch und ausgewogen. Die dezente Säure erzeugt einen frischen Eindruck bei kurzem Nachhall.

Bei 16° bis 17 ° C schmeckt er bis 2009 am besten.

Selection B, Frühburgunder, 2005, QbA, trocken, 0,75 l, € 11,80

Qualität: ∗∗ (Gut +)
Preis-Leistungs-Verhältnis: Sehr gut

Dieser Frühburgunder präsentiert sich in mittlerem, lebhaftem Rubin-Granat. Im ausdrucksvollen Bukett finden sich Anklänge an rote und dunkle Beeren, wie Brombeeren und Cassis, die von dezenten Röstaromen und einer angenehmen Nuance Vanille abgerundet werden.

Am Gaumen ist das Aroma von dunklem Beerenobst vorherrschend, begleitet von feinen Holzaromen im Hintergrund. Der Wein ist kräftig, dabei elegant, ausgewogen und harmonisch. Bei dezenter Säure und noch präsenten Tanninen mündet der Wein in einem mittleren Nachhall.

Der Wein sollte von Ende 2007 bis Ende 2009 bei 16° bis 18 °C bevorzugt genossen werden.

Selection B, Spätburgunder, 2005, QbA, trocken, 0,75 l, € 11,80

Qualität: ∗∗ (Gut +)
Preis-Leistungs-Verhältnis: Exzellent

Das Bukett ist ausdrucksvoll und differenziert mit Akzenten von Kirschen und Himbeeren. Feine Röstaromen runden den positiven Eindruck ab.

Am Gaumen überrascht dieser Spätburgunder, der wegen seiner etwas helleren rubinroten Farbe leicht unterschätzt werden könnte, mit guter, weicher und samtiger Fülle.

Rote Früchte sind tonangebend, mit Anklängen von Himbeeren und Kirschen. Der Wein hat einen klassischen, eleganten Stil, ist ausgewogen und harmonisch. Bei dezenter Säure und feinen Tanninen sorgt der mittlere Abgang für einen stimmigen Gesamteindruck.

Ein bis zwei Stunden Belüftung in der Karaffe sind obligatorisch. Genießen Sie diesen Wein bevorzugt ab Mitte 2007 bis Mitte 2009 bei 17° bis 18°C.

Ad Aram, Frühburgunder, 2005, QbA, trocken, 0,75 l, € 19,50

Qualität: ∗∗∗ (Sehr gut)
Preis-Leistungs-Verhältnis: Sehr gut

Die Farbe dieses Premium-Frühburgunders ist von mittlerem, sattem Rubin-Granat. Nach ausreichender, mindestens dreistündiger Belüftung in der Karaffe entfalten sich im ausdrucksvollen, vielschichtigen Bukett Aromen von reifen Beerenfrüchten (Brombeeren, Waldbeeren, Cassis, Holunder), die von feinen Röst- und Holznoten sowie feiner Vanille harmonisch abgerundet werden.

Am Gaumen ist der Wein dicht, voll, kräftig, mit vielschichtigen Aromen dunkler Beerenfrüchte, wie Brombeeren und Waldbeeren, sowie einer leichten Spur Gewürze. Im Stil elegant, harmonisch und ausgewogen, mündet dieser Frühburgunder bei feiner Säure und feinen Tanninen in einen langen Nachhall.

Zwischen 2008 und 2010 schmeckt er bei 18 °C am besten.

Ad Aram, Spätburgunder, 2005, QbA, trocken, 0,75 l, € 19,50

Qualität: ∗∗∗ (Sehr gut)
Preis-Leistungs-Verhältnis: Gut

In sattem, mittlerem Rubinrot präsentiert sich dieser Spätburgunder. Im Bukett finden sich noch etwas verhaltene Aromen roter Früchte, z. B. Kirschen, begleitet von feinen Röstnoten.

Am Gaumen sind rote Früchte auszumachen, wobei Kirschen den Akzent setzen. Der Stil ist klassisch und elegant. Die noch recht präsente Säure lässt den Wein schlank, frisch und rassig wirken bei feinen, gut eingebundenen Tanninen und kurzem Nachhall.

Aufgrund der präsenten Säure ist es empfehlenswert, den Wein noch etwas liegen zu lassen und nicht vor 2008 zu öffnen. Bis 2010 schmeckt er bei 17° bis 18°C am besten.

Hommage Sanct-Peter, Walporzheimer Pfaffenberg, Frühburgunder, 2005, QbA, trocken, 0,75 l, € 24,50

Qualität: ∗∗∗ (Sehr gut)
Preis-Leistungs-Verhältnis: Exzellent

Dies ist einer der allerbesten Frühburgunder-Weine, die im Ahrtal zu finden sind. In der Farbe zeigt sich ein sattes, ausdrucksvolles, intensives, mittleres Rubin-Granat.

Das Bukett ist ausdrucksstark mit reifer, intensiver und vielschichtiger Beerenfrucht von Brombeeren, Waldbeeren und Holunder, abgerundet von feinen, differenzierten Röstaromen.

Am Gaumen ist der Wein kräftig und dicht, mit vollen, differenzierten und vielschichtigen Aromen von Brombeeren, Waldbeeren, Cassis und Schwarzkirschen. Der Stil ist bei aller Kraft elegant, harmonisch und ausgewogen. Bei milder Säure und mächtigen, aber dezenten Tanninen setzt der lange Nachhall den würdigen Schlussakkord.

Lange Belüftung in der Karaffe von mindestens drei Stunden ist obligatorisch. Der Wein wird von ein bis zwei Jahren zusätzlicher Lagerung deutlich profitieren und sollte frühestens Anfang 2009 geöffnet werden. Bei 17° bis 18°C zeigt er sich dann bis 2012 in Bestform.

Hommage Sanct-Peter, Walporzheimer Kräuterberg, Spätburgunder, 2004, QbA, trocken, 0,75 l, € 24,50

Qualität: ∗∗∗ (Sehr gut)
Preis-Leistungs-Verhältnis: Gut

Sattes Rubin-Granat prägt die Farbe dieses Spätburgunders aus einer der Vorzeigelagen von Walporzheim. Das Bukett ist noch recht verschlossen und zeigt erst verhaltene Aromen von roten Früchten (Kirschen, Himbeeren) sowie dezente Röstnoten.

Im Geschmack mittelkräftig, präsentiert sich der Wein elegant, samtig und ausgewogen mit dezenter Säure, gut eingebundenen Tanninen bei mittlerem Nachhall.

Dieser Wein hat ein gutes Potenzial; eine weitere Lagerung wird dringend empfohlen. Ab Ende 2008 bis 2010 wird dieser Spätburgunder dann bei 18°C seine versteckten Qualitäten offenbaren.

Hommage Sanct-Peter, Walporzheimer Alte Lay, Spätburgunder, 2004, Auslese, trocken, 0,75 l, € 24,50

Qualität: ∗∗∗∗ (Sehr gut +)
Preis-Leistungs-Verhältnis: Exzellent

In guten Jahren steht die Alte Lay zweifellos an der Spitze von Brogsitters Sortiment. Die Farbe ist von ausdrucksvollem, glänzendem, sattem mittleren Rubinrot.

Das komplexe Bukett von barocker Fülle ist ausdrucksstark, differenziert und vielschichtig. Eine opulente, aber nicht überladen wirkende, reife Beerenfrucht mit Aromen von Schwarzkirschen, Waldhimbeeren und Johannisbeeren wird ergänzt von vielschichtigen Röst- und Holzaromen, Süßholz und Vanille sowie feinsten Gewürznoten.

Am Gaumen ist der Wein kraftvoll, samtig, sehr weich, geschmeidig, mit einer „süßlichen" Aromatik reifer Beeren und feinsaftiger Frucht. Die Eindrücke des Buketts werden nochmals unterstrichen. Bei feiner Säure und dezenten Tanninen mündet der Wein in einen langen Nachhall.

Dieser extrovertierte Wein ist bereits jetzt mit großem Genuss zu trinken. Bei 17° bis 18°C schmeckt er bis 2010 am besten.

Weingut Burggarten

Familie Schäfer
Landskroner Straße 61
53474 Heppingen
Tel. (02641) 21280
www.weingut-burggarten.de

Inhaber: Paul-Josef Schäfer

Bewertung: 9 von 15 Punkten

Öffnungszeiten:
Montag – Freitag   10 bis 12 Uhr / 13 bis 18 Uhr
Samstag, Sonntag und Feiertage   9 bis 20 Uhr

Bei Heimersheim und Heppingen, den beiden östlichsten Weinbauorten der Ahr, weitet sich das Ahrtal. Markanter Blickfang ist die Landskrone mit der alten Burgruine.

Das rund 100 Jahre alte Weingut ist eines von zwei Qualitätsweingütern im unteren Ahrtal und wird in vierter Generation von Paul-Josef Schäfer geleitet. Tatkräftig unterstützt wird er von seinen drei Söhnen, die nebst einer Schwiegertochter allesamt den Winzerberuf ergriffen haben.

Mit 15 Hektar, wovon sich 1,2 Hektar an der Mosel befinden, bietet das Weingut ausreichend Platz für die Verwirklichung verschiedener Weinstile der beiden Generationen. Spätburgunder ist mit 60 Prozent in den Rebflächen der Schäfers vertreten, gefolgt von jeweils 10 Prozent Frühburgunder und Riesling. Domina, Portugieser, Dornfelder,

Regent, Grauburgunder und Cabernet Sauvignon folgen auf den Plätzen.

Beste Lagen befinden sich vor allem im Ahrweiler Ursulinengarten, Neuenahrer Sonnenberg und Heimersheimer Burggarten. An der Mosel verfügt man auch über gute Lagen, so z. B. im Piesporter Goldtröpfchen und Zeltinger Himmelreich.

Im Weinberg wird naturnah gewirtschaftet. Dauerbegrünung, Strohabdeckung und die regelmäßige Analyse von Bodenproben gehören zum selbstverständlichen Standard.

Das Weinsortiment ist mehrschichtig: Ein Teil der Weine wird im klassischen alten Stil der Ahr im Fuder ausgebaut. Ein anderer Teil der Weine wird über mehrere Monate in Barriques aus französischer und amerikanischer Eiche gelagert.

Begünstigt von den hier gegenüber dem oberen Ahrtal etwas wärmeren Temperaturen, bringen Dornfelder, Regent und Domina Weine eher mediterraner Prägung hervor. Besonders hochwertig ist der für diese Region untypische Cabernet Sauvignon, der es in dieser Qualität mit jedem mittleren Cru Classé aus dem Médoc aufnehmen kann.

Die Weine, insbesondere die Spätburgunder „Filius" und „PJ's Signatur", der Frühburgunder „Fass 69" aus dem Neuenahrer Sonnenberg und der Spätburgunder aus dem Ahrweiler Ursulinengarten – der mit Abstand beste Wein des Sortiments – haben ein überdurchschnittlich gutes Preis-Leistungs-Verhältnis. Es ist ratsam, rechtzeitig vorzubestellen.

Traubensaft, Tresterbrände, Sekt und Weingelee runden das Sortiment ab.

Im Jahr 2005 wurde das zum Weingut gehörende repräsentative Hotel garni mit 17 Doppelzimmern, einer Suite und einer Schatzkammer im Turm fertig gestellt. Alle Zimmer sind als Themenzimmer – auf Rebsorten bezogen – ausgestattet und liegen ruhig auf der von der Straße abgewandten Seite.

Filius, Spätburgunder, 2005, QbA, trocken, 0,75 l, € 8,90

Qualität: ∗∗ (Gut +)
Preis-Leistungs-Verhältnis: Exzellent

Dieser Spätburgunder aus dem Barrique überrascht mit einem recht tiefen, dunklen Rubinrot. Im Bukett zeigen sich Aromen von roten und dunklen Früchten, dezentem Holz, feine Röstnoten, eine Spur Gewürze und eine feine Vanillenote.

Am Gaumen präsentiert sich der Wein kräftig, wieder mit Anklängen roter und dunkler Früchte sowie dezenten Holz- und Röstaromen. Trotz des Alkoholgehalts ist der Wein überraschend gut ausgewogen und harmonisch bei dezenter Säure und gut eingebundenen dezenten Tanninen in kurzem Nachhall.

Der Wein ist bereits gut zu trinken und wird bei 17° bis 18 °C bis Ende 2008 am besten schmecken.

Neuenahrer Sonnenberg, Dornfelder, 2005, QbA, trocken, 0,75 l, € 11,00

Qualität: ∗∗ (Gut +)
Preis-Leistungs-Verhältnis: Sehr gut

Der Wein präsentiert sich in sattem Aubergine. Im Bukett sind Aromen überwiegend dunkler Beeren (Brombeeren, Heidelbeeren, Schwarzkirschen) auszumachen, die von fein-rauchigen Röstnoten angenehm abgerundet werden.

Am Gaumen ist der Wein kräftig, präsent, mit Anklängen dunkler Beeren. Mit feiner Säure und gut integrierten, dezenten Tanninen zeigt sich der Wein ausgewogen bei mittlerem Nachhall.

Dieser Dornfelder ist mit 17° bis 18 °C bereits gut zu trinken und wird bis 2009 den größten Genuss bieten.

Veroso, Gutscuvée aus dem Barrique, 2005, QbA, trocken, 0,75 l, € 12,00

Qualität: ∗∗ (Gut +)
Preis-Leistungs-Verhältnis: Sehr gut

Diese üppige Rotwein-Cuvée holt das Mittelmeer an die Ahr und präsentiert sich in sehr dunklem Rubin-Violett. Im Bukett finden sich ausdrucksvolle Aromen von dunklen Beeren (Brombeeren, Heidelbeeren, Waldbeeren), feine Gewürznoten sowie fein-rauchige Holz- und Röstnoten als angenehme Abrundung. Am Gaumen ist der Wein kräftig, mit üppiger, weicher Beerenfrucht. Bei feiner Säure und dezenten Tanninen mündet der Wein in mittlerem Nachhall.

Bei 17° bis 18°C schmeckt er bereits jetzt bis Ende 2008 am besten.

PJ's Signatur, Spätburgunder, 2005, QbA, trocken, 0,75 l, € 12,00

Qualität: ∗∗ (Gut +)
Preis-Leistungs-Verhältnis: Sehr gut

Kam beim Spätburgunder Filius einer der Söhne zum Zuge, so trägt dieser Spätburgunder die Handschrift des Seniorchefs.

In der Farbe von mittlerem Rubinrot, finden sich im Bukett Aromen von Kirschen, Cassis und Himbeeren, die im Hintergrund von dezenten Holznoten untermalt werden. Am Gaumen präsentiert sich dieser Spätburgunder mit einem Akzent Kirschen und kühl-rauchigen Holznoten. Der Wein ist in klassischem Stil, elegant, harmonisch und ausgewogen.

Lange Belüftung in der Karaffe ist obligatorisch. Am zweiten Tag der Probe wirkte dieser Wein erheblich hochwertiger, differenzierter und vielschichtiger. Bei 17° bis 18°C macht sein Genuss ab jetzt bis Ende 2008 am meisten Spaß.

Neuenahrer Sonnenberg, Frühburgunder Fass 69, 2005, QbA, trocken, 0,75 l, € 13,50

Qualität: *** (Sehr gut)
Preis-Leistungs-Verhältnis: Sehr gut

Satt, ausdrucksstark und intensiv ist seine Farbe, das Rubin-Granat. Das Bukett ist ausdrucksvoll, tiefgründig, differenziert und vielschichtig mit Aromen von Brombeeren, Schwarzkirschen und Holunder, leicht floralen Noten, differenzierten Röstnoten und Vanille.

Am Gaumen präsentiert sich der Wein komplex, tiefgründig, kräftig, weich, rund, harmonisch, mit reifer, ausdrucksvoller Beerenfrucht und dezenten Holznoten. Bei feiner Säure und dezenten Tanninen mündet er in einen angemessenen, langen Nachhall.

Bereits jetzt gut zu trinken, wird sich dieser Wein bis Ende 2008 bei 17° bis 18°C in Bestform zeigen.

Ahrweiler Ursulinengarten, Spätburgunder, 2005, QbA, trocken, 0,75 l, € 13,50

Qualität: **** (Sehr gut +)
Preis-Leistungs-Verhältnis: Exzellent

Dieser Spätburgunder weist in diesem Jahrgang das möglicherweise beste Preis-Leistungs-Verhältnis an der Ahr auf. Am 23. Oktober 2005 wurde er mit 40 hl/ha bei 104° Oechsle geerntet.

Der Wein ist von mittlerem, ausdrucksvollem Rubinrot. Im komplexen, differenzierten, vielschichtigen Bukett findet sich ein verwobenes Aromenspektrum roter und dunkler Früchte mit einem Akzent Brombeeren und einer leichten Spur Gewürznoten. Die differenzierten Holznoten sind perfekt ausbalanciert zwischen fein-rauchigen und röstigen Aromen und untermalen die Frucht des Weins harmonisch.

Am Gaumen präsentiert sich der Wein nicht wuchtig, mit substanzreicher, dichter, samtiger Frucht. Im Stil ist dieser Spätburgunder klassisch, sehr elegant, harmonisch, ausbalanciert, weich und rund. Der lange Nachhall setzt den würdigen Schlusspunkt.

Bereits jetzt ein Hochgenuss, zeigt sich dieser Wein bei 17° bis 18 °C bis Ende 2009 in bester Verfassung.

Weingut Deutzerhof Cossmann-Hehle

Deutzerwiese 2
53508 Mayschoß
Tel. (02643) 7264
www.deutzerhof.de

Inhaber: Hella und Wolfgang Hehle
Mitglied im VDP

Bewertung: 15 von 15 Punkten

Öffnungszeiten:
Besuch nur nach telefonischer Vereinbarung

Direkt am Fuße der Weinberge, vor der eindrucksvollen Kulisse des „Mayschosser Kessels", liegt der Deutzerhof. Mit seinem Turm und eingebettet in ein weitläufiges Grundstück, erinnert dieses Weingut an ein französisches Château. Der elegante Eindruck setzt sich im Innern fort: Hella Hehle hat jedes Einrichtungsdetail in Form und Farbe aufeinander abgestimmt. 1980 wurde das Gebäude auf historischem Grund fertig gestellt und bezogen. Namensgeber für die Deutzerwiese war eine ehemalige Außenstelle des Klosters zu Köln-Deutz.

Das Weingut hat tiefe Wurzeln: Bereits in der zwölften Generation wird Wein angebaut; die erste urkundliche Erwähnung geht auf das Jahr 1574 zurück. Wolfgang Hehle lernte den Weinbau bei seinem Schwiegervater Alfred Cossmann und absolvierte 1982 erfolgreich die Prüfung zum Winzermeister.

Durch kontinuierlichen Zukauf wurde der Weinbergsbesitz auf rund 9 Hektar erweitert. Beste Lagen befinden sich im Altenahrer Eck, der Heimersheimer Landskrone, dem Neuenahrer Kirchtürmchen und dem Recher Herrenberg. Eine Zahnradbahn erleichtert die Weinbergsarbeit in den kleinen und steil terrassierten Rebparzellen.

Es sind überwiegend sehr alte und zum großen Teil wurzelechte Rebstöcke, die hier ein fast mediterranes Kleinklima vorfinden. Mit 75 Prozent ist der Spätburgunder die wichtigste Rebsorte, gefolgt von Riesling und Dornfelder mit je 9 Prozent. Der Frühburgunder ist mit 4 Prozent und der bereits 1927 gepflanzte Portugieser mit 1 Prozent im Sortenspiegel vertreten.

Der Weinanbau wird nach „alter Väter Sitte" naturnah und schonend betrieben, was einige gefährdete Tier- und Pflanzenarten bereits mit einer Ansiedlung in den Weinbergen des Deutzerhofs honoriert haben.

Das Sortiment ist straff gegliedert und umfasst in jeder Preislage qualitativ überdurchschnittliche Weine. Ein knappes Dutzend Spätburgunder, davon alleine vier GROSSE GEWÄCHSE VDP, wird ergänzt durch einen exzellenten Rosé und einen Blanc de Noir. Die roten Spätburgunder sind von klassischer, vornehmer Eleganz und subtiler Vielschichtigkeit. Bemerkenswert ist auch der hochkarätige Frühburgunder, der Portugieser aus uralten Rebstöcken sowie der Dornfelder der Luxusklasse. Auch die Rieslinge sind in jedem Fall eine Probe wert.

Es gibt nur sehr wenige Weingüter in Deutschland, die über das gesamte Sortiment hinweg ein so hohes Niveau aufweisen.

„Saumon de l'Ahr", Spätburgunder Rosé, 2005, QbA, trocken, 0,75 l, € 14,00

Qualität: ∗∗ (Gut +)
Preis-Leistungs-Verhältnis: Gut

Seit einigen Jahren engagiert sich Wolfgang Hehle, der auch eine eigene Fischerei besitzt, für die Wiederansiedlung der Lachse in der Ahr. In diesem Zusammenhang besuchte er eine Region in Südwestfrankreich, die zwei kleine Flüsse ähnlich der Ahr aufweist. Dort sind nicht nur Lachse, sondern auch kräftige, bukettreiche Roséweine heimisch. Hiervon inspiriert, hob Wolfgang Hehle den „Saumon de l'Ahr" aus der Taufe.

Durch die kurze Maischestandzeit weist dieser Rosé ein ausdrucksvolles, lebhaftes Lachsrosa auf. In der Nase anfangs etwas verhalten, öffnet sich das Bukett und gibt differenzierte Aromen von roten Früchten, kombiniert mit floralen Noten, frei. Am Gaumen präsentiert sich der Wein gut strukturiert. Die Trauben wurden in Spätlese-Qualität geerntet, woraus Dichte und Kraft resultieren. Feinsaftige Frucht, gepaart mit einem Quäntchen Säure, verleihen dem Wein Frische und balancieren ihn gut aus bei mittlerem Nachhall.

Genießen Sie diesen Spätburgunder-Rosé vorzugsweise zu gegrilltem, pochiertem oder gekochtem Lachs. Auch zu Geschnetzeltem und Frikassees aus weißem Fleisch (Geflügel, Kalb), Pasteten, Lammeintopf oder Frischkäse bildet er eine gute Ergänzung. Der Wein sollte nicht zu kalt bei etwa 10° bis 12°C im ersten bis dritten Jahr nach der Abfüllung getrunken werden.

Cossmann-Hehle, Spätburgunder, 2005, QbA, trocken, 0,75 l, € 9,00

Qualität: * (Gut)
Preis-Leistungs-Verhältnis: Sehr gut

Die Visitenkarte des Hauses im Preiseinstiegsbereich ist handwerklich gut gemacht und für einen Wein dieser Preislage von sehr guter Substanz. Der Ausbau erfolgte klassisch im Fuder. Hieraus resultiert ein besonders fruchtbetonter Wein.

Von sattem, mittlerem, ausdrucksvollem Rubinrot in der Farbe, zeigen sich im Bukett dezente Noten von roten Früchten, z. B. Kirschen, Himbeeren und rote Johannisbeeren. Am Gaumen präsentiert sich der Wein mit saftiger Frucht, einer guten substanzreichen Dichte und noch präsenter Säure bei kurzem Nachhall.

Dieser Spätburgunder ist ein unkomplizierter Wein für alle Gelegenheiten. Bevorzugt sollte er bei 16° bis 18°C zwischen dem zweiten und dritten Jahr nach der Abfüllung getrunken werden.

Dornfelder, 2004, QbA, trocken, 0,75 l, € 15,50

Qualität: ** (Gut +)
Preis-Leistungs-Verhältnis: Sehr gut

Vergessen Sie alles, was Sie über Dornfelder zu wissen meinen. Rigoroser Rebschnitt und die kompromisslose Selektion der voll ausgereiften Trauben waren die Voraussetzungen für diesen Dornfelder der Luxusklasse.

In der Farbe von dunklem, sattem und intensivem Violett, zeigt sich im Bukett eine komplexe, ausdrucksvolle Aromenfülle von u. a. Schwarzkirschen, Brombeeren sowie kräuterige Noten. Die dezenten Röstaromen sind Resultat eines 18 bis 19 Monate dauernden Ausbaus in Barriques. Im Geschmack präsentiert sich der Wein kraftvoll mit dichter, tiefgründiger Fruchtfülle. Die dezente Säure und gut eingebundene, dezente, aber kraftvolle Tannine weisen auf ein gutes Alterungspotenzial hin. Ein mittlerer Nachhall sorgt für einen stimmigen Gesamteindruck.

Der Wein sollte bei 18 °C von Ende 2007 bis 2009 genossen werden und harmoniert zu dunklen Braten mit kräftigen Saucen.

Alfred C., Portugieser, 2005, QbA, trocken, 0,75 l, € 18,50

Qualität: *** (Sehr gut)
Preis-Leistungs-Verhältnis: Sehr gut

Dies ist wohl der beste Portugieser, den Sie im Ahrtal finden werden. Die auf Bonsai-Format beschnittenen Rebstöcke, von denen die Trauben für diesen Ausnahme-Portugieser stammen, wurden 1927, im Geburtsjahr von Alfred Cossmann, dem Schwiegervater Wolfgang Hehles, gepflanzt. Nur ein Fass wurde von diesem Wein abgefüllt.

In der Farbe von mittlerem Rubinrot, finden sich im milden, vielschichtigen Bukett feine Anklänge an Walderdbeeren, dezente kräuterige Noten und feine, differenzierte Röstaromen. Auf dem Gaumen bestätigen sich diese Eindrücke und werden durch eine mineralische Komponente ergänzt.

Elegant, filigran, edel, ausgewogen und harmonisch präsentiert sich der Wein mit guter Substanz und Dichte. Eine feine Säure und dezente Tannine sind bestens integriert. Abgerundet wird der positive Eindruck durch einen mittleren Nachhall.

Der Wein ist bereits im ersten Jahr nach der Abfüllung trinkreif und bereitet bis zum vierten Jahr nach der Abfüllung bei 17° bis 18°C den größten Genuss.

Balthasar C., Spätburgunder, 2005, QbA, trocken, 0,75 l, € 14,00

Qualität: ∗∗ (Gut +)
Preis-Leistungs-Verhältnis: Sehr gut

Ein Spätburgunder im klassischen Stil: Nach der Gärung im Edelstahltank wurde der Wein zum Teil im Fuder, zum anderen Teil in gebrauchten Barriques ausgebaut.

In der Farbe von mittlerem, dichtem Rubinrot, zeigen sich im harmonischen Bukett rote Früchte mit Anklängen an Himbeeren sowie eine feinrauchige Note im Hintergrund. Am Gaumen bestätigt sich dieser Eindruck. Der Stil ist klassisch, elegant, weich und seidig. Noch eine Spur verschlossen, bei präsenter Säure und dezenten Tanninen, wirkt der Wein doch sehr harmonisch, ausgewogen und gut strukturiert bei mittlerem Nachhall.

Ein guter Bankettwein, der von Ende 2007 bis 2009 bei 16°
bis 17°C am besten schmeckt.

**Caspar C., Spätburgunder, 2005, QbA, trocken,
0,75 l, € 21,00**

Qualität: ∗∗∗ (Sehr gut)
Preis-Leistungs-Verhältnis: Exzellent

Für diesen Spätburgunder wurden Trauben alter Rebstöcke
aus Südhanglagen verarbeitet. Nach traditioneller Vergärung
in Holzbottichen wurde er in Barriques ausgebaut.

Die Farbe zeigt ein kräftiges, intensives und ausdrucksstarkes
mittleres Rubinrot. Das ausdrucksvolle, harmonische, differenzierte und tiefgründige Bukett ist geprägt von einem sehr
angenehmen, ansprechenden, unaufdringlichen, reinen Cas-
sis-Ton. Hinzu kommen feine Nuancen von Erdbeeren und
Schwarzkirschen. Florale Noten von Holunderblüten, vor
allem aber das feine Veilchen-Aroma geben dem Wein eine
angenehme, leicht exotische Ausstrahlung. Im Hintergrund
runden differenzierte, feine Röstaromen den Wein ab.

Am Gaumen ist er filigran, seidig, hochelegant, ausgewogen
sowie von guter Substanz und Dichte. Mit Aromen von Cassis, Schwarzkirschen und feinen Holznuancen präsentiert sich
der Wein differenziert und vielschichtig mit milder Säure,
bestens integrierten Tanninen und mittlerem Nachhall.

Bei 17° bis 18°C sollte der Wein ab Ende 2007 bis Ende
2009 den größten Trinkgenuss bereiten. Der Wein ist auch

ein guter Begleiter zu Wild mit fruchtigen Saucen, Federwild und Rinderfilet.

Grand Duc, Spätburgunder, 2004, QbA, trocken, 0,75 l, € 31,00

Qualität: ∗∗∗∗ (Sehr gut +)
Preis-Leistungs-Verhältnis: Sehr gut

Dieser Spätburgunder wird von alten, wurzelechten Rebstöcken einer kleinbeerigen Sorte erzeugt. Von besten Schiefersteillagen der unteren Ahr werden nur 20 hl / ha in Auslese-Qualität geerntet. Vor allem die Trauben aus der Heimersheimer Landskrone geben dem Wein eine feine mineralische Note.

Die Vergärung erfolgt schonend und traditionell in offenen Bottichen, der weitere Ausbau in besten Barriques aus französischer Eiche.

Von mittlerem, intensivem Rubinrot ist die Farbe dieses Weins. Das Bukett präsentiert sich harmonisch, ausdrucksvoll, vielschichtig, differenziert und ist dabei sehr elegant mit Eindrücken von dunklen Beerenfrüchten und Pflaume sowie Anklängen von Gewürzen und dezenten, nuancenreichen Röstaromen.

Am Gaumen dicht und präsent, ist der gut strukturierte Wein tiefgründig mit Aromen von Brombeeren und Pflaumen, feinen Holznoten und einer dezenten mineralischen Komponente. Der Stil ist klassisch elegant, harmonisch und ausgewogen bei milder Säure und perfekt eingebundenen Tanninen. Ein langer Nachhall bildet das würdige Finale.

Empfehlung: Wild mit fruchtiger Sauce, Wildgeflügel oder Gans begleitet dieser Wein gut. Bevorzugt zu genießen ist er bei 18 °C von 2007 bis 2010.

Heimersheimer Landskrone, Spätburgunder, 2004, GROSSES GEWÄCHS VDP, QbA, trocken, 0,75 l, € 48,00

Qualität: ✶✶✶✶✶ (Exzellent)
Preis-Leistungs-Verhältnis: Gut

Dieser Wein kommt aus einer der Spitzenlagen des unteren Ahrtals. Alte Rebstöcke, niedrige Erträge, traditionelle Maischegärung und ein schonender Ausbau in Barriques aus französischer Eiche sind auch hier die Garanten für einen hochklassigen Spätburgunder.

Die Farbe ist von ausdrucksstarkem, mittleren Rubinrot mit lebhaften Reflexen. Das harmonische, komplexe Bukett ist geprägt von tiefgründigen, differenzierten und vielschichtigen Aromen roter und dunkler Früchte mit einem leichten Akzent von Cassis. Abgerundet werden diese Eindrücke durch differenzierte Röstaromen, feine Holznuancen und etwas Bourbon-Vanille.

Am Gaumen präsentiert sich der Wein dicht und samtig mit viel saftiger Frucht, tiefgründig, differenziert und vielschichtig bei guter Struktur. Im Stil sehr elegant, harmonisch und ausgewogen, mündet der Wein bei dezenter Säure und gut eingebundenen feinen Tanninen in einen langen Nachhall.

Bei 18 °C sollte dieser Wein bevorzugt im dritten bis sechsten Jahr nach der Abfüllung genossen werden. Er passt gut zu Wildgeflügel, Wild mit fruchtigen Saucen oder feinem Filet.

Altenahrer Eck, Spätburgunder, 2004, GROSSES GEWÄCHS VDP, QbA, trocken, 0,75 l, € 48,00

Qualität: ✶✶✶✶✶ (Exzellent)
Preis-Leistungs-Verhältnis: Sehr gut

Im Altenahrer Eck, einer der Spitzenlagen des Ahrtals, wachsen noch wurzelechte Rebstöcke einer kleintraubigen, alten Spätburgunder-Sorte. Durch den restriktiven Rebschnitt werden nur 20 bis 25 hl/ha geerntet. Die Steilhänge liegen sich in einem Abstand von knapp 400 Metern gegenüber. Hohe Weinbergsmauern sowie der Boden aus Grauwacke mit Schieferverwitterungsgestein speichern die Wärme ideal und geben sie nachts gleichmäßig wieder ab.

Die Vergärung erfolgt traditionell und schonend im Holzbottich bei gesteuerter Temperatur. Um eine maximale Farbausbeute zu erzielen, wird der Maischekuchen alle drei Stunden eingestoßen. Ausgebaut wird der Wein in neuen Barriques aus französischer Eiche.

Er zeigt ein tiefes, ausdrucksvolles und intensives Rubinrot. Typisch für Weine von alten Rebstöcken ist das tiefgründige, subtile und komplexe Aromenspektrum mit ausdrucksstarker, reicher Frucht von roten und dunklen Beeren. Neben schwarzen Johannisbeeren sind Anklänge von Brombeeren und Pflaumen auszumachen. Am Gaumen werden diese Eindrücke bestätigt und durch eine feine Mineralik ergänzt. Dicht und kraftvoll, dabei geschmeidig, weich und von guter Struktur präsentiert sich der Wein. Die tiefgründigen, differenzierten und vielschichtigen Aromen werden durch eine feine Säure und dezente Tannine harmonisch abgerundet. Ein langer Nachhall bildet den würdigen Schlusspunkt.

Genießen Sie diesen Wein bevorzugt bei 18 ° C frühestens ab Ende 2007 bis 2012. Er passt zu Wildgerichten mit fruchtigen Saucen, Wildgeflügel oder zur nächsten Weihnachtsgans.

Melchior C., Spätburgunder, 2004, QbA, trocken, 0,75 l, € 58,00

Qualität: ***** (Exzellent)
Preis-Leistungs-Verhältnis: Sehr gut

Dieser Wein aus mehrfach vorselektierten Trauben wurde zunächst traditionell im Holzbottich vergoren. Während der Gärung wurde die Temperatur exakt gesteuert und der Maischekuchen regelmäßig eingestoßen. Der weitere Ausbau erfolgte über 16 Monate in neuen Barriques aus französischer Eiche.

Ein tiefes, intensives, ausdrucksstarkes Rubinrot mit lebhaften Reflexen vermittelt bereits einen hochkarätigen Eindruck. Im vielschichtigen, differenzierten und ausdrucksvollen Bukett findet sich eine komplexe Aromenfülle roter und dunkler Beerenfrüchte wie Johannisbeeren, Brombeeren, Himbeeren und Schwarzkirschen. Ergänzt werden diese tiefgründigen Aromen durch dezente, differenzierte Holz- und Röstnoten und unaufdringliche Anklänge von feiner Bourbon-Vanille.

Am Gaumen wird der Eindruck bestätigt: dichte, komplexe Fruchtfülle, abgerundet durch feinste Holznoten, eine feine Säure und dezente, aber mächtige Tannine. Der Wein ist gut strukturiert, tiefgründig, präsent am Gaumen, dabei hoch-elegant, ausgewogen und harmonisch. Gekrönt werden diese Eindrücke von einem langen Nachhall.

Genießen Sie diesen Wein von 2008 bis 2012 bei 18 °C.

Weingut Kreuzberg

Benedikt-Schmittmann-Straße 30
53507 Dernau
Tel. (02643) 1691
www.weingut-kreuzberg.de

Inhaber: Ludwig Kreuzberg
Mitglied im VDP

Bewertung: 11 von 15 Punkten

Öffnungszeiten Mai bis Oktober:
Montag – Freitag   9 bis 12 Uhr / 13 bis 18 Uhr
Samstag und Sonntag   10 bis 18 Uhr
und nach Vereinbarung

Öffnungszeiten November bis April:
Montag – Freitag   9 bis 12 Uhr / 13 bis 18 Uhr
Samstag und Sonntag   10 bis 15 Uhr
und nach Vereinbarung;
Feiertage geschlossen

Das Weingut wurde 1953 gegründet und wird in dritter Generation seit 1994 von Ludwig Kreuzberg geleitet. Gemeinsam mit seiner Frau kümmert er sich um Verkauf, Versand, Straußwirtschaft und Pension. Sein Bruder Hermann-Josef ist Kellermeister sowie verantwortlich für den Außenbetrieb.

Kreuzbergs verfügen über 8,2 Hektar Rebfläche, davon 5,7 Hektar in Steil- und Steilstlagen. Wichtigste Rebsorte ist der Spätburgunder mit 65 Prozent, gefolgt von Frühburgunder

(10 Prozent), Portugieser (7 Prozent) und Dornfelder (6 Prozent).

Vor allem der devonische Schiefer ist häufig in den Weinbergslagen des Weinguts anzutreffen und verleiht den Weinen eine feine, mineralische Note. Die besten Rebparzellen befinden sich im Ahrweiler Silberberg, in der Neuenahrer Schieferlay – beide Lagen sind als GROSSE GEWÄCHSE VDP klassifiziert –, dem Dernauer Pfarrwingert, dem Dernauer Hardtberg (mit uralten Rebstöcken einer alten, kleinbeerigen Spätburgunder-Sorte), dem Ahrweiler Rosenthal und dem Neuenahrer Sonnenberg.

Böden und Rebstöcke werden nach den Prinzipien des integrierten Weinbaus naturnah und schonend bearbeitet. Ein restriktiver Rebschnitt sowie die „Grüne Lese" begrenzen die Ernteerträge auf 30 bis 55 hl / ha beim Spätburgunder und auf 25 bis 45 hl / ha beim Frühburgunder. Selektive Handlese und Verwendung eigener Weinbergshefen sind obligatorisch.

Im Weinkeller werden die Weine traditionell und schonend offen vergoren. Der Maischehut wird per Hand regelmäßig eingestoßen, um eine maximale Farbausbeute aus den Traubenschalen zu erzielen. Einer heißt so, alle sind so: „Unplugged" – „den Stecker ziehen". Ohne Strom und viel Technik nach alten Methoden ausgezeichnete Weine erzeugen zu können, ist die Devise des Hauses. Gekonnt werden seit 1988 auch Barriques aus französischer und amerikanischer Eiche eingesetzt.

Das Resultat kann sich sehen lassen: Bereits im Preiseinstiegsbereich und bei den Bankettweinen überdurchschnittlich gut, zeigt sich die Klasse auch tadellos bei den Spitzenweinen. Die Spätburgunder aus dem Ahrweiler Silberberg und der Neuenahrer Schieferlay lassen ebenso wie die Devonschiefer Goldkapsel keine Wünsche offen. Eine sichere Bank sind auch der Devonschiefer QbA und der Frühburgunder QbA. Die Spät- und Frühburgunder haben stets einen eleganten, harmonischen und ausgewogenen Stil.

Vom feinduftig-filigranen Dernauer Pfarrwingert bis zum kraftstrotzenden Ahrweiler Silberberg (2003!) reicht die geschmacklich breite Palette.

Cabernet Sauvignon ist an der Ahr in etwa so heimisch wie Spätburgunder an der Gironde. Trotzdem ist der „Ca Sa Nova", bei über 100° Oechsle geerntet und 18 Monate lang zu 100 Prozent in neuen Barriques aus amerikanischer Eiche ausgebaut, sehr zu empfehlen und braucht sich vor keinem 5ème Cru Classé zu verstecken.

Für die höherwertigen Qualitätsweine werden hauseigene Künstleretiketten verwendet. Gestaltet wurden sie von Georg Kreuzberg, einem verstorbenen Onkel, der ein bekannter Maler im Ahrtal war.

Abgerundet wird das Sortiment, das sich durch eine durchweg faire Kalkulation auszeichnet, durch Sekt, Trester und Obstbrände sowie den köstlichen Spätburgunder Weißherbst Eiswein aus dem Neuenahrer Kirchtürmchen.

Neuenahrer Schieferlay, Spätburgunder, 2005, QbA, trocken, 0,75 l, € 11,30

Qualität: ** (Gut +)
Preis-Leistungs-Verhältnis: Exzellent

Schiefer-, Gehängelehm- und Lehmlössböden der nach Süden ausgerichteten Lage Neuenahrer Schieferlay prägen den Charakter dieses Weins. Die Farbe zeigt ein sattes, mittleres Rubinrot. Im Bukett von typischer Burgunderart finden sich Aromen roter und dunkler Beeren (Cassis, Brombeeren, Kirschen). Die feinrauchigen, dezenten Holznoten im Hintergrund resultieren aus einem zehnmonatigen Ausbau in gebrauchten Barriques (Dritt- bis Sechstbelegung).

Am Gaumen bestätigt sich der typische, klassische Burgunder-Charakter mit kräftiger, saftiger Frucht, feiner Mineralik und einer floralen Nuance. Der Wein ist elegant, harmonisch, ausgewogen, seidig und von guter Struktur. Eine dezente Säure und feine Tannine sind bestens eingebunden bei mittlerem Nachhall. Im zweiten bis vierten Jahr nach Abfüllung bereitet dieser Wein bei 17° bis 18 ° C das größte Trinkvergnügen. Der Wein passt gut zu Braten mit dunkler Sauce, Wildgeflügel und Nudelgerichten.

Unplugged, Spätburgunder, 2005, Spätlese, trocken, 0,75 l, € 13,10

Qualität: ** (Gut +)
Preis-Leistungs-Verhältnis: Sehr gut

Der Name des Weins steht für die Philosophie des Hauses (siehe Profil des Weinguts).

Im Bukett dieses Weines von mittlerem Rubinrot finden sich Aromen von Kirschen und roten Beerenfrüchten, abgerundet durch dezente Holznoten. Am Gaumen präsentiert er sich mit einer saftigen Frucht von roten Beeren und Kirschnoten. Elegant, harmonisch, mit einer feinen mineralischen Note, mündet der Wein bei dezenter Säure und feinen Tanninen in einen mittleren Nachhall.

Er sollte im zweiten bis vierten Jahr nach der Abfüllung bei 17° bis 18 °C genossen werden. Passt gut zu Braten mit dunkler Sauce, Wildgeflügel und Nudelgerichten.

Classic, Frühburgunder, 2005, QbA, trocken, 0,75 l, € 16,90

Qualität: ∗∗ (Gut +)
Preis-Leistungs-Verhältnis: Gut

Dieser Frühburgunder wurde sechs Monate im alten Fuder ausgebaut. Von mittlerem Rubin-Granat, zeigen sich im Bukett Aromen von Kirschen und Himbeeren mit feinen Holz- und Röstnoten im Hintergrund. Am Gaumen präsentiert sich der Wein mit saftiger Frucht, kräftig, dabei geschmeidig, seidig, elegant und ausgewogen. Eine milde Säure und feine Tannine runden ihn ab bei mittlerem Nachhall.

Der Wein sollte im dritten bis fünften Jahr nach der Abfüllung bei 17° bis 18 °C getrunken werden und passt als solider

Bankettwein gut zu Braten mit dunkler Sauce sowie zu Wild und Wildgeflügel.

Devonschiefer, Spätburgunder, 2005, QbA, trocken, 0,75 l, € 16,90

Qualität: ∗∗ (Gut +)
Preis-Leistungs-Verhältnis: Exzellent

Dieser Wein ist einer der interessantesten des Weinguts Kreuzberg. Nur 35 hl/ha beträgt die Erntemenge dieser Selektion aus besten Schiefersteillagen. Ausgebaut wurde der Wein zu 100 Prozent in gebrauchten Barriques (Zweit- und Drittbelegung).

Von mittlerem, dichtem Rubin-Granat ist die Farbe. Das ausdrucksvolle Bukett zeigt dezente beerige Aromen roter und dunkler Früchte (Himbeeren, Kirschen, Cassis), ergänzt von einer unaufdringlichen, fein-rauchigen Holznote.

Im Geschmack wird die ausdrucksstarke, saftige Beerenfrucht mit Anklängen von Kirschen, Cassis und Himbeeren bei einer feinen mineralischen Note nochmals bestätigt. Der Wein hat eine gute Substanz, ist dicht am Gaumen und gut strukturiert. Im Stil elegant, samtig und harmonisch, bei gutem Extrakt, dezenter Säure und dezenten Tanninen im mittleren Nachhall, verfügt er über ein gutes Alterungspotenzial.

Ideal präsentiert sich dieser Spätburgunder im dritten bis fünften Jahr nach der Abfüllung. Genießen Sie ihn bevorzugt bei 18 °C zu Wildgerichten und kräftigen Braten mit dunklen Saucen.

Frühburgunder, 2005, QbA, trocken, 0,75 l, € 22,60

Qualität: ∗∗∗ (Sehr gut)
Preis-Leistungs-Verhältnis: Sehr gut

Dieser Frühburgunder wird von 1 Hektar Rebfläche geerntet und mehrfach selektiert. Aufgrund des höheren Lehm-Löss-Anteils des Bodens ist der Wein recht kraftvoll. Ein 10-monatiger Ausbau in gebrauchten Barriques verleiht ihm eine gute Struktur und rundet ihn angenehm ab.

Die Farbe zeigt ein mittleres, sattes, dichtes und ausdrucksvolles Rubin-Granat. Im Bukett präsentiert sich der Wein in typischer Burgunderart, differenziert und vielschichtig, mit Aromen von überwiegend dunklem Beerenobst. Feine Röst- und Holzaromen ergänzen den Eindruck harmonisch.

Am Gaumen präsent, dicht und kräftig, finden sich Anklänge von dunklen Beeren und dezente Holznoten. Der Wein ist geschmeidig, samtig, elegant und gut ausgewogen. Eine dezente Säure und massive, aber gut eingebundene Tannine münden in einen mittleren Nachhall.

Dieser Frühburgunder sollte, wenn er jetzt getrunken wird, mindestens drei Stunden in der Karaffe „atmen". Besser ist es jedoch, noch Geduld zu üben und ihn erst ab Mitte 2008 bis 2010 bei etwa 18 ° C zu genießen. Mit Wild und zu Braten mit dunklen Saucen ist er sehr bekömmlich.

Dernauer Pfarrwingert, Spätburgunder, 2005, Auslese, trocken, 0,75 l, € 24,70

Qualität: ∗∗∗ (Sehr gut)
Preis-Leistungs-Verhältnis: Gut

Feinduftig-filigran, stellt der Spätburgunder aus einer der besten Lagen von Dernau den geschmacklichen Kontrapunkt zu den kraftvolleren Weinen der Ahr dar. Die Farbe ist ausdrucksvoll mit mittlerem, leuchtendem Rubinrot. Im feinduftigen Bukett finden sich differenzierte, vielschichtige Aromen von roten Früchten und einer Spur Pflaumen. Im Hintergrund runden feine, differenzierte Röst- und Holzaromen, kombiniert mit einem Hauch Vanille, den Eindruck ab.

Am Gaumen zeigen sich differenzierte, vielschichtige Aromen von roten Beeren, eine Nuance Pflaumen und feine Holznoten. Der Wein ist klassisch, dicht, samtig, elegant, komplex, harmonisch und ausgewogen. Die milde Säure und die feinen, seidigen Tannine leiten den mittleren Nachhall ein. Der Wein ist bereits jetzt schön zu trinken und sollte bis 2009 mit etwa 18 °C serviert werden. Ideal ohne Speisen zu genießen, passt er aber auch gut zu feinem Geflügel.

Devonschiefer Goldkapsel, Spätburgunder, 2004, QbA, trocken, 0,75 l, ca. € 26,00

Qualität: ∗∗∗∗ (Sehr gut +)
Preis-Leistungs-Verhältnis: Exzellent

Diese Devonschiefer Goldkapsel 2004 stammt im Wesentlichen aus dem Ahrweiler Silberberg. Bereits die 2002er Devonschiefer Goldkapsel und insbesondere die 2003er Ahrweiler Silberberg Auslese zeigten das immense Lagerpotenzial dieser kraftvollen Weine, die erst nach mehrjähriger Lagerung voll entwickelt sind.

In der Farbe von ausdrucksvollem, dunklem, intensivem und sattem Rubinrot, beeindruckt das Bukett mit einem komplexen, ausdrucksstarken, differenzierten und vielschichtigen Aromenspektrum roter und dunkler Beeren. Cassis setzt den Akzent, ergänzt von Anklängen an Schwarzkirschen und Brombeeren. Ein feiner Vanilleton sowie differenzierte Holz- und Röstaromen runden den positiven Gesamteindruck ab.

Am Gaumen von großer Präsenz und tiefgründiger, differenzierter, dichter Beerenfrucht, zeigt sich der Wein kraftvoll mit fast cremiger Fülle und einer feinen mineralischen Note. Dabei ist er gut strukturiert, harmonisch, ausgewogen und weich. Eine dezente Säure und mächtige, aber dezente Tannine zeigen das hervorragende Lagerpotenzial auf. Im langen Nachhall schimmert wieder eine dezente Cassis-Aromatik angenehm durch.

Am zweiten Tag der Probe schmeckte der Wein noch besser und wirkte perfekt ausbalanciert.

Erst ab 2009 sollte man diesen Wein aus dem Regal holen. Bis 2012 wird er sich dann, genossen bei 18 °C, in Bestform zeigen. Ein echter Hochgenuss, ob ohne Speisen oder zu feinstem Wild.

Neuenahrer Schieferlay, Spätburgunder, 2004, GROSSES GEWÄCHS VDP, QbA, trocken, 0,75 l, ca. € 38,00

Qualität: ∗∗∗∗ (Sehr gut +)
Preis-Leistungs-Verhältnis: Exzellent

Nur in den besten Jahren werden die GROSSEN GEWÄCHSE VDP abgefüllt.

Dieser Spätburgunder zeigt sich in dichtem, intensivem und ausdrucksvollem Rubinrot. Das Bukett ist ausdrucksstark, vielschichtig und differenziert mit opulenten roten und dunklen Fruchtnoten, wobei Cassis den Akzent setzt. Tiefgründig, differenziert und präsent sind auch die Röstaromen und Holznoten, kombiniert mit einer Spur Vanille.

Am Gaumen präsentiert sich der Wein mit einer dichten, saftigen, substanzreichen und tiefgründigen Beerenfrucht, begleitet von feinen Holzaromen und einer dezenten Mineralik. Er ist kraftvoll, harmonisch, weich, geschmeidig und von guter Struktur. Bei präsenter Säure sowie mächtigen, aber dezenten Tanninen mündet der Wein in einen langen, von Cassis geprägten Nachhall.

Dieser Wein hat ein nicht zu unterschätzendes Alterungspotenzial und sollte frühestens Ende 2009 geöffnet werden. In Bestform wird er dann bis 2012 sein. Bei 18 °C prägt er den besonderen Anlass, ob als „Meditationswein" ohne Speisen oder aber zu ausgesuchtem Wildgeflügel, Wildschwein und Rehrücken.

Neuenahrer Kirchtürmchen, Spätburgunder Weißherbst Eiswein, 1999, edelsüß, 0,375 l, € 40,00

Qualität: ∗∗∗ (Sehr gut)
Preis-Leistungs-Verhältnis: Sehr gut

Das Weingut Kreuzberg wartet für die Freunde süßer Weine mit einem besonders empfehlenswerten Eiswein auf.

Die Farbe ist Goldgelb mit feinsten Rosé-Nuancen. Im Bukett zeigt sich ein ungemein vielschichtiges, komplexes und differenziertes Aromenspektrum von kandierten Früchten, floralen Noten, Karamell, Akazien und Orangenblütenhonig.

Am Gaumen präsentiert sich der Wein mit dichter Fruchtfülle und einer weichen, fein-cremigen Konsistenz. Wieder findet sich ein differenziertes, vielschichtiges und ausdrucksvolles Aromenspiel aus weißen und roten kandierten Früchten, Orangenblütenhonig, Akazie und Sahne-Karamell. Bei feinster Säure, die einen schönen Kontrapunkt zu der Süße setzt, mündet der Wein in einem langen Nachhall.

Eisweine sollten stets gekühlt bei etwa 7 °C getrunken werden. Als krönender Abschluss eines angenehmen Tages, nach einem Festessen oder als besonderer Apéritif ist dieser Wein gleichermaßen geeignet.

Weingut Maibachfarm

Im Maibachtal 100
53474 Bad Neuenahr-Ahrweiler
Tel. (02641) 36679
www.weingut-maibachfarm.de

Inhaber: Günter Gatzmaga et al.

Bewertung: 8 von 15 Punkten

Öffnungszeiten (Straußwirtschaft):
Juni, August, September, Oktober

Montag	Ruhetag
Dienstag – Donnerstag	11 bis 19 Uhr
Freitag und Samstag	11 bis 22 Uhr
Sonntag	11 bis 19 Uhr
	und nach Vereinbarung

In einem idyllischen Seitental unweit von Ahrweiler, oberhalb des Klosters Calvarienberg, liegt einer der interessantesten landwirtschaftlichen Betriebe des Ahrtals: die Maibachfarm.

Auf über 50 Hektar wird hier ökologischer Landbau nach den strengen Bioland-Richtlinien betrieben. Das Weingut wurde 1999 gegründet und verfügt heute bereits über 13 Hektar eigene Weinberge, davon 40 Prozent in Steillagen. Beste Rebparzellen befinden sich im Ahrweiler Rosenthal, Neuenahrer Sonnenberg, Recher Herrenberg und Heppinger Burggarten. Häufigste Rebsorte ist der Spätburgunder (60 Prozent), gefolgt von Frühburgunder und Riesling (je 8 Prozent) sowie

Portugieser (5 Prozent). Auf den restlichen 19 Prozent werden eine Reihe weiterer Rebsorten angebaut. Im Weinberg wird keine Chemie eingesetzt. Gedüngt wird u. a. mit Schafsmist der eigenen Herde, und die Unkrautbekämpfung erfolgt mechanisch mit Hacke und Mulcher.

Ziel ist es, elegante, fruchtige Weine mit einer dezenten Säure und langer Lagerfähigkeit zu erzeugen. Der 2005er Jahrgang ist sicherlich der bisher beste des Weinguts und macht einen vielversprechenden Eindruck. An der Spitze des Sortiments steht der Frühburgunder aus dem Ahrweiler Rosenthal, gefolgt von den Spätburgundern aus der gleichen Lage und dem Recher Herrenberg. Sehr zu empfehlen sind auch der Riesling Eiswein und der Portugieser von rund 100-jährigen Rebstöcken, beide jeweils aus der Dernauer Goldkaul.

Sehenswert ist in jedem Fall der eindrucksvolle, große, ebenerdige Barrique-Keller. Die Luft ist erfüllt vom Duft des Weins und des Vanille-Aromas der rund 150 Barriques, die dort gelagert sind. Im Hintergrund erklingt leise klassische Musik, untermalt von dem murmelnden Geplätscher des Wassers, das eine Schiefer-Natursteinwand herunterrieselt. Die Barriques sind in mehreren Reihen aufgestapelt und stimmungsvoll ausgeleuchtet. Eine große Holztafel lädt ein, zu einer geselligen Weinprobe Platz zu nehmen.

Mit rund 60 Positionen fällt das Sortiment recht opulent aus. Im mittleren Preisbereich zwischen etwa € 9,00 und € 21,00 findet der Kunde die beste Auswahl.

Die Produkte der Maibachfarm, inklusive einiger ausgesuchter Weine, sind in den beiden betriebseigenen Geschäften in der Fußgängerzone von Ahrweiler (Am Markt 8 und Niederhutstraße 21) erhältlich. Sehr probierenswert sind zudem die in der eigenen Käserei schonend erzeugten Käsesorten aus Bio-Milch.

Dernauer Goldkaul, Portugieser, 2005, QbA, trocken, 0,75 l, € 9,00

Qualität: * (Gut)
Preis-Leistungs-Verhältnis: Exzellent

Wieder sind es alte Rebstöcke – in diesem Fall sogar 100-jährige –, die dem Wein die Tiefgründigkeit verleihen.

Die Farbe ist von ausdrucksvollem Purpurrot. Im Bukett sind eine feine, reife Beerenfrucht von Schwarzkirschen und dunklen Beeren sowie dezente Röstaromen auszumachen. Am Gaumen ist der Wein kräftig, mit Aromen dunkler Beeren und feinen Noten von Holz und Vanille. Mit präsenten Tanninen und dezenter Säure klingt der Wein aus bei mittlerem Nachhall.

Dies ist ein Wein für die Wiedervorlage. Frühestens ab Anfang 2008 bis 2010 sollte er bevorzugt bei 18 °C genossen werden.

Ahr, Frühburgunder, 2005, QbA, trocken, 0,75 l, € 18,00

Qualität: ** (Gut +)
Preis-Leistungs-Verhältnis: Sehr gut

Der Wein hat eine satte, mittlere rubinrote Farbe. In der Nase zeigen sich Aromen dunkler Früchte mit einem Akzent Schwarzkirschen. Dezente Röstaromen und feine Vanilletöne ergänzen den positiven Eindruck.

Am Gaumen ist dieser Frühburgunder präsent, mit dichten Aromen dunkler Beeren. Der Wein ist ausgewogen und elegant mit feiner Säure und gut eingebundenen feinen Tanninen im mittleren Nachhall.

Zwischen Ende 2007 und 2009 wird sich dieser Wein bei 17° bis 18°C von seiner besten Seite zeigen.

Recher Herrenberg, Spätburgunder, 2005, QbA, trocken, 0,5 l, € 13,00

Qualität: ∗∗∗ (Sehr gut)
Preis-Leistungs-Verhältnis: Gut

Die Farbe zeigt sich in dunklem, sattem Rubinrot. Im Bukett stehen dezente Holz- und Röstaromen sowie eine feine Note von Vanille leicht im Vordergrund. Die Fruchtnoten sind noch etwas verhalten und werden sich erst nach zwei bis drei Jahren weiterer Lagerung voll entwickeln. Am Gaumen ist der Wein kräftig, dicht, weich, samtig, elegant und ausgewogen. Die dezente Säure und die präsenten Tannine sind gut eingebunden bei mittlerem Nachhall.

Wieder ein Wein für Geduldige: Frühestens Ende 2008 geöffnet und mit 18°C serviert, wird der Wein bis 2011 das Warten belohnen.

Ahrweiler Rosenthal, Frühburgunder, 2005, QbA, trocken, 0,75 l, € 21,00

Qualität: ∗∗∗ (Sehr gut)
Preis-Leistungs-Verhältnis: Sehr gut

In der Farbe präsentiert sich der Wein in fast undurchdringlichem, ausdrucksvollem Aubergine. Vielschichtig, differenziert und ausdrucksvoll ist auch das Bukett: Aromen von dunklem, reifem Beerenobst, wie Schwarzkirschen, Cassis, Holunder, Brombeeren und Waldbeeren, werden ergänzt von vielschichtigen Röstaromen und feiner Vanille.

Am Gaumen wiederholt sich der Eindruck von dunklem, reifem Beerenobst. Im Stil kräftig, weich und dicht zeigt sich der Wein noch eine Spur kühl. Säure und Tannine sind noch präsent bei langem Nachhall.

Der zweifellos beste Wein des Sortiments in diesem Jahrgang hat ein sehr gutes Potenzial für eine lange Lagerung. Zwischen 2009 und 2011 wird der Wein bei etwa 18 °C den größten Genuss bereiten.

Dernauer Goldkaul, Riesling Eiswein, 2004, edelsüß, 0,5 l, ca. € 26,00

Qualität: ∗∗∗ (Sehr gut)
Preis-Leistungs-Verhältnis: Exzellent

Dieser Eiswein kann auch im Vergleich zu Kreszenzen des Rheingaus und von der Mosel ohne Probleme bestehen.

Die Farbe ist von mittlerem, glänzendem Goldgelb. Das ausdrucksstarke Bukett hält eine differenzierte, vielschichtige Fülle verschiedener Aromen bereit: Kandierte weiße Früchte, Pfirsiche, Aprikosen, Ananas, Zitrusfrüchte, Karamell und Akazienhonig sind auszumachen.

Am Gaumen zeigt der Wein eine dichte, konzentrierte, ölige Fülle. Wieder sind es vielschichtige und differenzierte Aromen, z. B. von kandierten Früchten, mit denen er beeindruckt. Die für Eisweine typische präsente Säure balanciert die üppige Süße perfekt aus. Der Wein ist sehr harmonisch, ausgewogen und mündet in einem sehr langen Nachhall.

Bei 7 ° C serviert, ist dieser köstliche Eiswein gleichermaßen als Apéritif, statt Dessert oder zum Ausklang eines perfekten Tages geeignet.

Weingut Meyer-Näkel

Friedensstraße 15
53507 Dernau
Tel. (02643) 1628
www.meyer-naekel.de

Inhaber: Werner Näkel
Mitglied im VDP
Deutsches Barrique-Forum

Bewertung: 12 von 15 Punkten

<u>Verkaufszeiten nach telefonischer Vereinbarung:</u>
Montag – Freitag   9 bis 12 Uhr / 14 bis 17 Uhr
Samstag   11 bis 16 Uhr
Sonntag und Feiertage geschlossen

Werner Näkel leitete Mitte der Achtzigerjahre den qualitativen Neuanfang im Ahrtal ein. Heute hat er seine Aktivitäten weit über das Ahrtal u. a. nach Portugal an den Douro und nach Südafrika ausgedehnt. Seine Tochter Meike ist inzwischen als Kellermeisterin erfolgreich im Weingut aktiv.

Der Betrieb besteht in der fünften Generation und verfügt über 15 Hektar Rebflächen. Beste Lagen befinden sich im Dernauer Pfarrwingert, Walporzheimer Kräuterberg und Neuenahrer Sonnenberg. Alle drei Lagen sind als GROSSE GEWÄCHSE VDP klassifiziert.

Mit 10 Hektar sind die Rebparzellen des Weinguts überwiegend mit Spätburgunder bepflanzt. Frühburgunder folgt mit 2 Hektar, dahinter Riesling, Weißburgunder, Dornfelder und Regent.

Das Sortiment ist von durchgängig solider Qualität zu akzeptablen Preisen. Am bekanntesten ist sicherlich der legendäre „Us de la meng", eine Cuvée aus Spätburgunder, Frühburgunder und Dornfelder, die am besten zu einem rheinischen Nationalgericht gereicht wird: dem Sauerbraten.

Dabei sollte man aber nicht übersehen, dass die mittleren und gehobenen Weine des Sortiments noch sehr viel mehr Trinkvergnügen bereiten. So sind es der „Blauschiefer" und auch der Spätburgunder „S" (für selektiertes Lesegut), die zuweilen unterschätzt werden. Von stets höchster Güte sind die GROSSEN GEWÄCHSE VDP, die erst nach mehrjähriger Lagerung ihr Potenzial voll entfalten.

Das Sortiment wird durch Weißwein, Spätburgunder Weißherbst, Spätburgunder Blanc de Noir (seinerzeit der erste „Weiß von Rot" gekelterte Spätburgunder des Ahrtals), einen Frühburgunder, Sekt (Flaschengärung) und Obstbrände abgerundet.

Natürlich sind auch die in Portugal und Südafrika erzeugten Weine von Werner Näkel in Dernau erhältlich. Ideal für den nahenden Sommer ist der neue Sauvignon Blanc „Us de Kap" mit seinem feinen Stachelbeeraroma.

Aufgrund der ungebrochen hohen Nachfrage nach Werner Näkels Weinen ist eine rechtzeitige Reservierung immer von Vorteil.

Leider waren zwei GROSSE GEWÄCHSE VDP, darunter der Dernauer Pfarrwingert, restlos vergriffen und standen daher für die Probe nicht zur Verfügung. Die Bewertung wäre dann zweifellos höher ausgefallen.

„Illusion" N ° 1, Spätburgunder weiß gekeltert, 2005, QbA, trocken, 0,75 l, € 12,00

Qualität: * (Gut)
Preis-Leistungs-Verhältnis: Gut

Dies ist „die Mutter" aller Blanc de Noirs von der Ahr. Werner Näkel hat, trotz der zuweilen großen Widrigkeiten des deutschen Weinrechts, im Laufe langer Jahre die Möglichkeit zur Erzeugung eines „Weiß von Rot" gekelterten Spätburgunders durchgesetzt. Heute gehören weiß gekelterte Spätburgunder zum Standard-Repertoire jedes ambitionierten Ahr-Winzers.

Die Farbe hat Ähnlichkeit mit einem Sherry und ist von leichtem Goldgelb. Im Bukett finden sich Anklänge an weißes Obst, wie Pfirsiche, Aprikosen und Melonen. Am Gaumen präsentiert sich der Wein weich und elegant, mit Aromen saftiger weißer Früchte. Der Wein ist schlank, frisch mit einer feinen Säure bei kurzem Nachhall.

Gekühlt auf 8 ° bis 10 ° C ist dies ein klassischer Wein für die langen, sonnigen Tage des Jahres. Auch für ein gemischtes Büfett ist der Wein ideal.

„Us de la meng", Cuvée aus Spätburgunder, Frühburgunder und Dornfelder, 2005, QbA, trocken, 0,75 l, € 9,80

Qualität: * (Gut)
Preis-Leistungs-Verhältnis: Gut

Der bekannteste Wein von Werner Näkel ist eine Cuvée aus drei verschiedenen Rebsorten: Dem Spätburgunder verdankt dieser Wein die Eleganz, dem Frühburgunder die beerige Fülle und dem Dornfelder die rustikale Kraft.

Die Farbe ist von mittlerem Rubin-Granat. Im leicht rustikalen Bukett finden sich Aromen roter Früchte, wie Kirschen und eine leichte Erdbeer-Note, sowie fein-rauchige Röstaromen als Abrundung. Am Gaumen präsentiert sich der Wein kräftig, mit guter Substanz, leicht rustikal, mit Aromen von roten Früchten, präsenter Säure und dezenten Tanninen bei kurzem Nachhall.

Dieser Wein wird am besten im ersten bis dritten Jahr nach der Abfüllung bei 16° bis 17 °C zu einer zünftigen Schlachtplatte oder einem rheinischen Sauerbraten serviert.

Spätburgunder, 2005, QbA, trocken, 0,75 l, € 10,50

Qualität: * (Gut)
Preis-Leistungs-Verhältnis: Gut

Dieser klassische, im Fuder ausgebaute Spätburgunder präsentiert sich in mittlerem, lebhaftem Rubinrot. Himbeeren, Erdbeeren und etwas Kirschen finden sich im Bukett, begleitet von fein-rauchigen Holznoten im Hintergrund.

Am Gaumen ist der Wein klassisch, leicht und elegant, mit Aromen roter Früchte, seidig, harmonisch und ausgewogen, mit dezenter Säure bei kurzem Nachhall.

Dies ist ein unkomplizierter Wein, der im ersten bis dritten Jahr nach der Abfüllung bei 15° bis 16°C zu vielen Gerichten, zu Gegrilltem und auch zu mediterran zubereitetem Fisch und Schalentieren getrunken werden kann.

Frühburgunder, 2005, QbA, trocken, 0,75 l, € 17,00

Qualität: ** (Gut +)
Preis-Leistungs-Verhältnis: Gut

Dieser Frühburgunder wurde im Fuder und in gebrauchten Barriques über 6 Monate ausgebaut. In der Farbe zeigt sich ein ausdrucksvolles, lebhaftes, mittleres Rubin-Granat. Im Bukett finden sich die für den Frühburgunder typischen Aromen von dunklen Beerenfrüchten. Angenehm ist die feine Note von Schattenmorellen und die leicht floralen Anklänge (eine Spur Veilchen), die dem Wein eine interessante Charakteristik verleihen. Feine Röstaromen im Hintergrund runden den Wein harmonisch ab.

Am Gaumen werden diese Eindrücke bestätigt. Der Wein ist kräftig, bietet Anklänge dunkler Beerenfrüchte, die feine Note von Schattenmorellen, dezente Säure und präsente Tannine und mündet in einem mittleren Nachhall.

Zwischen 2008 und 2010 wird sich dieser Frühburgunder bei etwa 17°C von seiner besten Seite zeigen.

Blauschiefer, Spätburgunder, 2005, QbA, trocken, 0,75 l, € 17,00

Qualität: ∗∗∗ (Sehr gut)
Preis-Leistungs-Verhältnis: Gut

In der Farbe zeigt dieser 10 Monate lang in zumeist gebrauchten Barriques ausgebaute Spätburgunder ein mittleres, vitales, intensives Rubinrot.

Im Bukett finden sich Aromen roter und dunkler Beeren, wie Kirschen, Himbeeren, Erdbeeren, Pflaumen, die von floralen Noten und fein-rauchigen Röstaromen vervollständigt werden.

Am Gaumen ist der Wein präsent, weich, sehr elegant, harmonisch und ausgewogen, mit einer feinen mineralischen Note. Säure und Tannine sind fein und gut eingebunden bei mittlerem Nachhall.

Vom ersten bis vierten Jahr nach der Abfüllung schmeckt der Wein bei etwa 16 °C zu Braten und Geflügel am besten.

„S", Spätburgunder, 2005, QbA, trocken, 0,75 l, € 28,00

Qualität: ∗∗∗∗ (Sehr gut +)
Preis-Leistungs-Verhältnis: Gut

Für diesen Spätburgunder wurde mehrfach selektiertes Lesegut aus den besten Lagen des Weinguts verwendet. Der Ausbau erfolgte über 10 Monate jeweils zur Hälfte in neuen und gebrauchten Barriques.

Die Farbe ist von intensivem, ausdrucksvollem, mittlerem Rubinrot. Aromen von roten und dunklen Früchten, wie Kirschen, Johannisbeeren und Brombeeren, werden abgerundet durch fein-rauchige Röstnoten.

Am Gaumen ist der Wein präsent mit guter, fülliger, weicher Substanz, dabei von geschmeidiger Eleganz, harmonisch und ausgewogen. Bei feiner Säure und feinen Tanninen mündet er in einem langen Nachhall.

Bevorzugt sollte dieser Wein im zweiten bis vierten Jahr nach der Abfüllung bei 16° bis 17 °C zu Wild, Wildgeflügel und hochwertigen Braten genossen werden.

Walporzheimer Kräuterberg, Spätburgunder, GROSSES GEWÄCHS VDP, 2004, QbA, trocken, 0,75 l, ca. € 56,00

Qualität: ***** (Exzellent)
Preis-Leistungs-Verhältnis: Gut

Nur 25 hl / ha wurden aus den alten, nicht flurbereinigten Rebparzellen des Walporzheimer Kräuterbergs geerntet und mehrfach selektiert. Die Verarbeitung erfolgte schonend, der Ausbau über 18 Monate zu 100 Prozent in Barriques (davon 70 Prozent neue Fässer). Im Anschluss daran folgte eine 6-monatige Flaschenlagerung.

Der Wein präsentiert sich in einem ausdrucksvollen, tiefen, intensiven Rubin-Granat. Das komplexe, tiefgründige Bukett zeigt vielschichtige und differenzierte Aromen roter und dunkler Früchte, wie Brombeeren, Schwarzkirschen,

Cassis und Pflaumen. Hinzu kommen feine Kräuteraromen, differenzierte, rauchige Röstaromen und eine feine Vanille.

Am Gaumen ist der Wein komplex, mit sehr guter dichter Substanz, elegant, mit vielschichtigen und differenzierten Aromen saftiger, gereifter roter und dunkler Beerenfrüchte und feiner Mineralik. Harmonisch, ausgewogen, mit dezenter Säure und kraftvollen, präsenten Tanninen mündet der Wein standesgemäß in einem langen Nachhall.

Dies ist ein Wein für die kulinarischen Höhepunkte des Jahres. Ob ohne Speisen oder zu feinstem Wild und Wildgeflügel: Bei 17° bis 18 °C ist dieser Wein, bevorzugt zwischen dem fünften und achten Jahr nach der Abfüllung, ein absoluter Hochgenuss.

Weingut Nelles

Göppinger Straße 13 a
53474 Bad Neuenahr-Heimersheim
Tel. (02641) 24349
www.weingut-nelles.de

Inhaber: Thomas Nelles
Mitglied im VDP

Bewertung: 11 von 15 Punkten

Weinberatung und Verkauf:
  Montag – Freitag   9 bis 12 Uhr / 14 bis 18 Uhr
  Samstag   10 bis 12 Uhr

Heimersheim und Heppingen bilden den östlichen Abschluss des Qualitätsweinbaus im unteren Ahrtal. Der Rotweinwanderweg erreicht dieses Gut zwar nicht mehr, dafür entschädigt der schöne Ausblick auf die eindrucksvolle Landskrone mit der Burgruine.

Die Familie Nelles wird als Pächter eines „wyngartz an der buysch portzen" bereits 1479 erstmals urkundlich in einem Steuerbuch der Gemeinde erwähnt. Heute ist diese Jahreszahl deutlich sichtbares Erkennungszeichen auf den Etiketten der Weinflaschen des Guts.

Kurz nach der Flurbereinigung im Jahr 1967 übernahm Thomas Nelles Anfang der 1970er-Jahre von seinem Vater die Leitung des Betriebs.

Das Gut verfügt über 6,5 Hektar Weinberge, von denen sich 57 Prozent in den beiden besten Lagen des unteren Ahrtals, dem Heimersheimer Burggarten und der Heimersheimer Landskrone, befinden. Weitere erstklassige Parzellen liegen im Neuenahrer Sonnenberg und in der Neuenahrer Schieferlay.

Nach dem Spätburgunder mit 65 Prozent folgen Riesling (10 Prozent), Grauburgunder (8 Prozent), Frühburgunder (7 Prozent) und Weißburgunder (4 Prozent) im Sortenspiegel. Weitere 6 Prozent sind mit verschiedenen anderen Rebsorten bepflanzt. Die Bewirtschaftung der Rebparzellen wird naturnah und schonend vorgenommen. Weinbergsbegrünung, Nützlingsförderung und organische Humuszufuhr gehören zum selbstverständlichen Standard.

An der Spitze des Sortiments stehen der Spätburgunder B-52 und der Spätburgunder B-48 sowie ein hochwertiger Frühburgunder Goldkapsel. Das „B" im Namen bezieht sich auf die Nummern der Fässer im Weinkeller, in denen die besten Weine lagern. Hinzu kommen vier GROSSE GEWÄCHSE VDP. Im Preiseinstiegsbereich ist der „Ruber", der Rubinrote, besonders empfehlenswert. Bei den mittleren Qualitäten sind der Spätburgunder „B" und der Spätburgunder Classic auch im gehobenen Bankettbereich ideal.

Die Weine sind gehaltvoll, kräftig, vollmundig, mit gutem Lagerpotenzial versehen und tragen damit dem Charakter der Weinbergslagen, auf denen sie wachsen, Rechnung.

Abgerundet wird das sehr preiswürdige Sortiment durch eine Reihe solider Weißweine – insbesondere zwei gute

Rieslinge – sowie Sekt, Tresterbrände und Obstbrände. Die „Weintinte aus Nelles Spätburgunder" ist ein originelles Geschenk für Menschen, die sonst schon alles haben.

Im großen alten Gewölbekeller finden zuweilen kulinarische Veranstaltungen statt.

Feinschmecker kommen im Hotel-Restaurant Freudenreich, das zu den besten Restaurants der Region zählt und sich im Weinhaus Nelles befindet, auf ihre Kosten.

Ruber, Spätburgunder, 2005, QbA, trocken, 0,75 l, € 8,50

Qualität: * (Gut)
Preis-Leistungs-Verhältnis: Sehr gut

Seine Farbe ist – der Name verrät es bereits – Rubinrot, dabei hell, klar und lebhaft. Im Bukett finden sich Anklänge an Sauerkirschen und im Hintergrund fein-rauchige Röstnoten.

Am Gaumen zeichnet sich dieser Spätburgunder durch eine saftige Frucht mit Aromen von Kirschen und durch eine gute Substanz aus. Er ist weich, samtig, harmonisch und ausgewogen, mit feiner Säure bei kurzem Nachhall.

Dieser unkomplizierte Wein sollte im ersten bis dritten Jahr nach der Abfüllung bevorzugt bei 15 ° bis 16 ° C getrunken werden.

Nelles „Classic", Spätburgunder, 2005, QbA, trocken, 0,75 l, € 10,50

Qualität: ** (Gut +)
Preis-Leistungs-Verhältnis: Sehr gut

Der Wein präsentiert sich in mittlerem, klarem Rubinrot. Aromen roter und dunkler Früchte (Kirschen, Johannisbeeren) finden sich im Bukett und werden von fein-rauchigen Holznoten harmonisch ergänzt.

Am Gaumen ist der Wein präsent, mit Substanz, saftiger Frucht von roten Beeren, voll und weich. Der Stil ist klassisch, elegant, harmonisch und ausgewogen. Die präsente Säure verleiht dem Wein eine frische Note bei mittlerem Nachhall.

Im zweiten bis dritten Jahr nach der Abfüllung sollte er bei 15° bis 16°C bevorzugt genossen werden.

Nelles „B", Spätburgunder, 2004, QbA, trocken, 0,75 l, € 16,00

Qualität: ** (Gut +)
Preis-Leistungs-Verhältnis: Gut

Dieser Spätburgunder wurde über 12 Monate im Barrique ausgebaut und präsentiert sich in sattem, mittlerem, intensivem Rubinrot. Im Bukett finden sich Aromen von reifen Beeren, Kirschen, Johannisbeeren und Brombeeren sowie feine Röstnoten.

Am Gaumen ist der Wein kräftig, fein mineralisch, mit saftiger Beerenfrucht. Mit präsenter Säure und präsenten Tanninen hat er einen etwas herberen Stil bei mittlerem Nachhall.

Dies ist ein idealer Bankettwein der gehobenen Art zu deftigen Braten und Wildgerichten. Von Mitte 2007 bis 2009 schmeckt er bei etwa 17 °C am besten.

B-48, Spätburgunder, 2004, QbA, trocken, 0,75 l, € 22,00

Qualität: ∗∗∗ (Sehr gut)
Preis-Leistungs-Verhältnis: Sehr gut

Die Farbe ist von dunklem, dichtem, ausdrucksvollem Rubin-Granat. Im Bukett wird ein komplexes Geflecht aus differenzierten und vielschichtigen Aromen roter und dunkler Beerenfrüchte (Brombeeren, Schwarzkirschen, Johannisbeeren) von differenzierten, feinen Röstaromen harmonisch unterlegt.

Am Gaumen zeigt der Wein eine komplexe, dichte Frucht mit Aromen von Brombeeren, Johannisbeeren und Schwarzkirschen. Gut strukturiert, mit dezenter Säure und präsenten Tanninen, mündet der Wein in einem langen Nachhall.

Das grüne Etikett deutet es bereits an: Dieser Wein ist von etwas herberem Charakter und passt zu allem, was aus dem Wald kommt. Von 2008 bis 2010 sollte er bevorzugt bei 17° bis 18 °C genossen werden.

B-52, Spätburgunder, 2004, QbA, trocken, 0,75 l, € 28,00

Qualität: ∗∗∗∗ (Sehr gut +)
Preis-Leistungs-Verhältnis: Sehr gut

Dieser Spätburgunder präsentiert sich in dunklem, ausdrucksvollem, lebhaftem Rubinrot. Im komplexen Bukett wird die reife, tiefgründige Beerenfrucht mit differenzierten und vielschichtigen Aromen roter und dunkler Beeren und Röstaromen harmonisch ergänzt. Hinzu kommt eine leicht florale Komponente mit einer Nuance Veilchen.

Kräftig, dicht, mit guter Substanz und Struktur, zeigt sich am Gaumen ein tiefgründiges und differenziertes Spektrum roter und dunkler, reifer Beerenfrucht. Im Stil weich, fast cremig, harmonisch, ausgewogen, elegant und samtig, mündet der Wein bei feiner Säure und mächtigen Tanninen in einen langen Nachhall.

Im Stil kräftig und mit seinen floralen Noten konzilianter im Stil als der B-48, ist dies auch ein Wein für die besonderen Momente des Lebens. Bei 17° bis 18°C und zwischen 2009 und 2011 wird sich dieser hochwertige Spätburgunder von seiner besten Seite zeigen.

„B", Frühburgunder Goldkapsel, 2005, QbA, trocken, 0,75 l, € 35,00

Qualität: ∗∗∗∗ (Sehr gut +)
Preis-Leistungs-Verhältnis: Sehr gut

Von dichtem, sattem, tiefem Rubin-Granat ist die Farbe dieses Frühburgunders, der zu den besten des Ahrtals gehört. In dem komplexen Bukett finden sich sortentypische, differenzierte und vielschichtige Aromen von Brombeeren, Blaubeeren und Schwarzkirschen. Abgerundet werden sie von differenzierten, feinen, unaufdringlichen Röstnoten.

Am Gaumen ist der Wein kräftig, dicht, weich, mit einem komplexen Aromenspektrum roter und dunkler Früchte. Harmonisch und ausgewogen, bestens strukturiert, setzt der lange Nachhall bei feiner Säure und dezenten Tanninen einen würdigen Schlusspunkt.

Da der Wein im Geschmack noch etwas verschlossen ist, sollte er nicht vor Ende 2009 geöffnet werden. Bis 2012 ist dieser hervorragende Frühburgunder bei 17° bis 18°C ein Hochgenuss.

Weingut Erwin Riske

Wingertstraße 26–28
53507 Dernau
Tel. (02643) 8406
www.weingut-riske.de

Inhaber: Volker Riske

Bewertung: 9 von 15 Punkten

Weinverkauf mit persönlicher Beratung:
Montag–Freitag	nach telefonischer Vereinbarung
Samstag	10 bis 18 Uhr
Sonntag und Feiertage	15 bis 18 Uhr

und zu den Öffnungszeiten der Straußwirtschaft

„Die Weinstube" (Straußwirtschaft)
Mai, Juni, September, Oktober und November
Freitag	15 bis 22 Uhr
Samstag und Feiertage	12 bis 22 Uhr
Sonntag	12 bis 20 Uhr

Im Weingut Erwin Riske steht die Gastlichkeit im Mittelpunkt. Winzermeister Volker Riske versteht sich nicht nur auf die Bereitung von hochwertigen Qualitätsweinen. Auch die Präsentation der Weine erfolgt mit besonderer Sorgfalt.

So wurde die Straußwirtschaft bereits als die schönste des Ahrtals ausgezeichnet und zu einer der drei besten Straußwirtschaften in Rheinland-Pfalz gekürt. Neben zwei Ferienwohnungen im Weingut, „über den Dächern von Dernau", mit schönem Blick in die Weinberge, betreiben Riskes auch ein uraltes, modern renoviertes Winzerhäuschen im alten Ortskern von Dernau. Mit seinem offenen Kamin, dem Schieferbruchsteinboden und der engen Wendeltreppe verbindet sich der Charme vergangener Zeiten mit den modernen Annehmlichkeiten heutiger Tage. Dieses Knusperhäuschen kann gemietet werden und wird auch für kulinarische Weinproben genutzt.

Wingertbegehungen und Proben, auch direkt vom Fass im Weinkeller, bringen den Besuchern die anspruchsvolle Welt der Weinbereitung näher.

Das direkt am Fuße der Weinberge gelegene Gut wird in der vierten Generation bewirtschaftet. Von den 5 Hektar Rebflächen, die zu 75 Prozent mit Spätburgunder bepflanzt sind, befinden sich die besten Parzellen im Dernauer Pfarrwingert, Dernauer Hardtberg und Neuenahrer Sonnenberg. Im Weinberg wird naturnah gearbeitet; die Trauben werden selektiv von Hand gelesen. Der Ausbau erfolgt entweder klassisch im Fuder oder in Barriques aus französischer oder amerikanischer Eiche.

Bei den einfachen und mittleren Qualitäten stehen Frische und Bekömmlichkeit im Vordergrund, während die höherwertigen Qualitäten dicht, voll und langlebig ausgelegt sind.

Besonders zu empfehlen ist die Cuvée „BoulevAhr", ein „Spaziergang durch die Weinberge", und auf der anderen Seite des Spektrums die trockene Auslese vom Spätburgunder aus dem Dernauer Pfarrwingert. Abgerundet wird das umfangreiche Sortiment durch einen respektablen Eiswein, Weißherbste, Sekt, Traubensäfte und Tresterbrände.

Ahrweiler Ursulinengarten, Spätburgunder, 2005, QbA, trocken, 0,75 l, € 7,20

Qualität: * (Gut)
Preis-Leistungs-Verhältnis: Gut

Ein mittleres Rubinrot mit leichten Aufhellungen zeigt sich in der Farbe dieses klassisch komplett im Fuder ausgebauten Spätburgunders. Im Bukett findet sich eine angenehme Frucht mit Akzenten von Kirschen und Himbeeren.

Am Gaumen präsentiert sich der Wein saftig mit Aromen roter Beerenfrüchte, harmonisch, in leichtem, klassischem Stil, mit milder Säure und kurzem Nachhall.

Dieser solide Schoppen ist unkompliziert bei 15° bis 16°C im ersten bis zweiten Jahr nach der Abfüllung zu trinken.

BoulevAhr, Cuvée, 2005, QbA, trocken, 0,75 l, € 6,90

Qualität: * (Gut)
Preis-Leistungs-Verhältnis: Sehr gut

Diese Cuvée aus verschiedenen Rebsorten wartet farblich mit einem dichten Rubin-Granat auf. Im Bukett sind rote und dunkle Früchte (Cassis, Brombeeren) auszumachen, die von einer feinen Holzwürze abgerundet werden. Der Wein präsentiert sich am Gaumen kräftig, mit saftiger Frucht (wieder Cassis und Brombeeren) und feinen Holznoten. Bei dezenter Säure mündet er in kurzem Nachhall.

Dieser Urtyp eines im besten Sinne „süffigen" Schoppens schmeckt bei 15° bis 16°C im ersten bis zweiten Jahr nach der Abfüllung am besten.

Surprise N° 10, Spätburgunder weiß gekeltert, 2005, QbA, trocken, 0,75 l, € 8,90

Qualität: * (Gut)
Preis-Leistungs-Verhältnis: Gut

Von strohgelber Farbe mit einem Hauch Kupfer, hält das Bukett Anklänge an Aromen von weißen Früchten (Weinbergspfirsich, Aprikose, Apfel, Melone) bereit. Am Gaumen wird dieser Eindruck nochmals bestätigt. Der Wein ist spritzig und weich zugleich, dabei harmonisch, unkompliziert und mit guter Substanz versehen. Im kurzen Abgang setzt die dezente Säure noch einen frischen Akzent.

Im ersten bis zweiten Jahr nach der Abfüllung schmeckt dieser klassische Sommerwein gekühlt auf 8° bis 10°C am besten.

Dernauer Hardtberg, Frühburgunder, 2005, QbA, trocken, 0,75 l, € 14,90

Qualität: ** (Gut +)
Preis-Leistungs-Verhältnis: Sehr gut

Dieser Frühburgunder präsentiert sich mit einer Farbe von mittlerem, lebhaftem, ausdrucksvollem Rubin-Granat. Im Bukett finden sich Anklänge an Aromen roter und dunkler

Beeren, wie Himbeeren, Cassis, Erdbeeren und Kirschen. Da der Wein zu 90 Prozent im Fuder und zu 10 Prozent in Barriques ausgebaut wurde, sind die feinen Röstnoten nur weit im Hintergrund als Abrundung zu finden. Angenehm, von dichter, cremiger Konsistenz ist die große Fruchtfülle am Gaumen. Im Stil samtig, geschmeidig, harmonisch und ausgewogen, punktet der Wein bei milder Säure mit einem langen Nachhall.

Jetzt schon gut zu trinken, wird der Wein bei etwa 17 °C bis Ende 2008 am besten schmecken.

Dernauer Hardtberg, Spätburgunder, 2005, QbA, trocken, 0,75 l, € 15,90

Qualität: ∗∗ (Gut +)
Preis-Leistungs-Verhältnis: Gut

Die Farbe dieses über 12 Monate in Barriques ausgebauten Spätburgunders ist von dunklem, sattem Rubin-Granat. Im Bukett finden sich Anklänge von Kirschen und Cassis sowie dezente Röstaromen. Am Gaumen ist eine saftige Frucht mit Aromen von roten und dunklen Beeren mit einem Akzent Kirschen auszumachen. Der Wein ist kräftig, dabei elegant, samtig, mit feiner Säure und dezenten Tanninen bei mittlerem Nachhall.

Bei 17° bis 18 °C ist er am besten zwischen Mitte 2007 und 2009 zu genießen.

Dernauer Pfarrwingert, Spätburgunder, 2004, QbA, trocken, 0,75 l, € 21,00

Qualität: ∗∗∗ (Sehr gut)
Preis-Leistungs-Verhältnis: Sehr gut

Intensiv, dunkel und ausdrucksstark ist die Farbe dieses Spätburgunders. Das Bukett ist vielschichtig und differenziert, mit Akzenten von Cassis, Brombeeren, dezenten Röstaromen und feinen Gewürznuancen. Im Geschmack ist der Wein kräftig und weist gute Substanz und Struktur auf. Mit dichter Frucht, noch etwas präsenter Säure und feinen Tanninen ist er harmonisch und ausgewogen bei mittlerem Nachhall.

Zwischen Ende 2007 und 2009 wird sich dieser Spätburgunder bei etwa 18 °C von seiner besten Seite zeigen.

Dernauer Pfarrwingert, Spätburgunder, 2004, Auslese, trocken, 0,75 l, € 25,00

Qualität: ∗∗∗∗ (Sehr gut +)
Preis-Leistungs-Verhältnis: Sehr gut

Der beste Spätburgunder des Weinguts präsentiert sich in dunklem, ausdrucksvollem Rubin-Granat. Komplexe Aromen von reifem Beerenobst, z. B. Anklänge von Cassis, Schwarzkirschen, Waldbeeren und Blaubeeren, werden von differenzierten Röstaromen und feiner Vanille angenehm abgerundet.

Am Gaumen findet sich das Aroma von reifem Beerenobst. Der Stil ist vornehm, elegant und samtig. Bei langem

Nachhall verlangen die präsente Säure und die präsenten Tannine nach weiterer Lagerung.

Geduld und Ruhe werden sich hier auszahlen: Zwischen 2009 und 2012 wird sich der Wein bei 18 °C mit vollem, harmonischem Wohlgeschmack revanchieren. Im Vergleich der Auslesen aus den Jahrgängen 2003, 2004 und der 2005er Fassprobe ist eine stetige Verbesserung dieses Spätburgunders aus dem Pfarrwingert festzustellen.

Weingut Jean Stodden

Rotweinstraße 7–9
53506 Rech
Tel. (02643) 3001
www.stodden.de

Inhaber: Gerhard Stodden
Mitglied im VDP

Bewertung: 15 von 15 Punkten

Öffnungszeiten:
Montag–Freitag   9 bis 12 Uhr / 13 bis 18 Uhr
Samstag   10 bis 14 Uhr
und nach Vereinbarung

Das Weingut Jean Stodden hat sich in die Spitzengruppe der Winzer nicht nur an der Ahr vorgearbeitet. Sowohl national als auch international gibt es wenige Winzer, die Jahr für Jahr ein solches Sortiment an herausragenden Burgunderweinen kreieren wie Gerhard Stodden und sein Sohn Alexander.

Das ist kein Zufall. Bereits seit 1578 betreibt die Familie Stodden den Weinbau. Alois Stodden begann im Jahr 1900 damit, die Weine selbst zu keltern. Heute verfügen Stoddens über 6,5 Hektar Rebflächen in besten Lagen, davon 90 Prozent Steil- und Steilstlagen. Wichtigste Rebsorte ist natürlich der Spätburgunder mit 88 Prozent, gefolgt von 6 Prozent Frühburgunder, 1 Prozent Dornfelder und 5 Prozent Riesling. Die Parzellen in der Vorzeigelage Recher Herrenberg, im Ahrweiler Rosenthal und im Neuenahrer Sonnenberg sind als GROSSE GEWÄCHSE VDP klassifiziert.

Qualität hat oberste Priorität. Nichts bleibt dem Zufall überlassen und jedes Detail wird genau beachtet. Ziel ist es, komplexe, gut strukturierte, tiefdunkle, tanninbetonte Rotweine mit langem Nachhall und bester Lagerfähigkeit zu erzeugen.

Der Pflege des Bodens wird besondere Aufmerksamkeit geschenkt, da er die Grundvoraussetzung für gesunde Rebstöcke darstellt. So wird beispielsweise seit Mitte der 1980er-Jahre auf Insektizide verzichtet.

Die Rebstöcke werden auf 8 bis 9 Augen zurückgeschnitten und nur eine Fruchtrute stehen gelassen. Zusätzlich wird seit 1992 die so genannte „Grüne Lese" durchgeführt, das bedeutet, dass voll entwickelte, noch grüne Trauben ausgelichtet, also abgeschnitten werden. Durch diese Maßnahmen wird die Kraft des Bodens und der Sonne ausschließlich in die besten Beeren geleitet. Sorgfältig wird auch der ideale Lesezeitpunkt bestimmt und der Zustand der Trauben fortlaufend mitverfolgt. Bei der Ernte und auf dem Lesetisch im Kelterhaus werden die Trauben jeweils nochmals per Hand selektiert. Nur bestes Lesegut soll in der Verarbeitung behalten werden.

Mit etwa 14 Tagen Maischestandzeit wird eine hohe Ausbeute an Farbpigmenten erreicht. Die einfacheren Weine werden dann klassisch im Fuder, die höherwertigen Weine 16 bis 18 Monate in Barriques aus französischer Eiche ausgebaut. Danach werden die Weine schonend und teilweise unfiltriert ausschließlich in klassische Burgunderflaschen abgefüllt.

Wer die Weine vom Weingut Jean Stodden genießen will, muss Geduld mitbringen. In den ersten Jahren verschlossen und unzugänglich, entwickeln die höherwertigen Qualitäten nach der Abfüllung erst etwa ab dem fünften Jahr der Lagerung ihre volle Güte. Das gut strukturierte Sortiment wird durch hochwertige Sekte und Tresterbrände ergänzt. Der aufwändige Umbau der Vinothek wurde im April abgeschlossen. Das Resultat kann sich sehen lassen und ist alleine schon einen Besuch wert.

Blanc de Noir, Spätburgunder weiß gekeltert, 2005, QbA, trocken, 0,75 l, € 11,00

Qualität: ∗∗ (Gut +)
Preis-Leistungs-Verhältnis: Exzellent

Mit 81 ° Oechsle wurde Lesegut im Spätlesebereich zu diesem „Weiß von Rot" gekelterten Wein der Sonderklasse verarbeitet. Die Trauben wurden schonend ganz gepresst, um einen fast vollständig weißen Saft von roten Trauben zu erhalten.

Der Wein hat eine blasse, strohweiße Farbe mit einem Tropfen aufgelöstem Kupfer. Im ausdrucksvollen Bukett finden sich zahlreiche differenzierte Aromen: Butter-Cookies, eine Spur Karamell, kandierte weiße Früchte, eine Nuance Weinbergspfirsich sowie die klassische, „weinige" Pinot-Note.

Am Gaumen ist der Wein sehr präsent mit weicher, dichter Fülle, seidig, harmonisch und bestätigt den bereits durch die

Nase aufgenommenen Eindruck. Die Säure ist mild und balanciert den Wein mit einer feinen, frischen Note gut aus bei mittlerem Nachhall.

Genossen werden sollte der Wein im ersten bis dritten Jahr nicht zu kalt, bei etwa 10 °C. Kombinieren kann man ihn mit Schweine- oder Kalbsfilet mit hellen Saucen, Zürcher Geschnetzeltem, Spargel, Gambas oder Lachs. Ohne Speisen stellt er einen perfekten Terrassenwein der gehobenen Art dar.

„Fierowend", Cuvée vom Spätburgunder und Dornfelder, 2005, QbA, trocken, 0,75 l, € 9,00

Qualität: * (Gut)
Preis-Leistungs-Verhältnis: Sehr gut

Wenn Gerhard Stodden einen „einfachen, unkomplizierten Rotwein für den Feierabend" ankündigt, muss man aufmerken. Hier liegt die Messlatte sehr hoch: Auch der einfachste Wein des Hauses, eine Cuvée aus jeweils 50 Prozent Spätburgunder und Dornfelder, ist bereits von gediegener Machart.

Die Farbe ist von lebhaftem, klarem, mittlerem Rubinrot. Viel Frucht findet sich im Bukett, darunter Kirschnoten und Anklänge an Himbeeren. Da der Wein klassisch im Fuder ausgebaut wurde, zeigt sich nur ganz im Hintergrund eine feine Spur von Holznoten. Am Gaumen präsentiert sich der Wein mit saftiger Frucht, feiner Säure, dezenten Tanninen, gut strukturiert, harmonisch, elegant und weich bei mittlerem Nachhall.

Dieser unkomplizierte Wein kann mit einer Temperatur von 15° bis 16°C etwas kühler getrunken werden. Im ersten bis dritten Jahr nach der Abfüllung schmeckt er am besten.

JEAN STODDEN, Spätburgunder, 2005, QbA, trocken, 0,75 l, € 12,00

Qualität: ∗∗ (Gut +)
Preis-Leistungs-Verhältnis: Sehr gut

Dieser Spätburgunder wurde von 20 Jahre alten Rebstöcken verschiedener Lagen in Südausrichtung mit 81° Oechsle im Spätlesebereich geerntet. Ausgebaut wurde er klassisch im Fuder.

Dunkles, sattes Rubinrot prägt die Farbe. In der Nase finden sich Aromen von roten Beerenfrüchten, insbesondere Kirschen. Ergänzt wird dieser Eindruck durch feine Holznoten im Hintergrund. Am Gaumen präsent und gut strukturiert, mit saftiger Frucht von dunklen Kirschen und feinen Holznoten, zeigt sich der Wein harmonisch und ausbalanciert. Gut integriert sind die dezente Säure und die präsenten Tannine im mittleren Nachhall.

Ein idealer Bankettwein für die gesellige Runde. Er begleitet rustikale Braten von Schwein, Kalb oder Lamm mit kräftigen, dunklen Saucen am besten im ersten bis dritten Jahr nach der Abfüllung bei 16° bis 17°C.

JS, Spätburgunder, 2005, QbA, trocken, 0,75 l, € 18,00

Qualität: ∗∗ (Gut +)
Preis-Leistungs-Verhältnis: Gut

Dieser Spätburgunder stammt überwiegend aus Steillagen, seine Erntemenge liegt bei 45 bis 50 hl / ha. Ausgebaut wurde er zu 20 Prozent in neuen und 80 Prozent in gebrauchten Barriques in Zweit- und Drittbelegung.

Die Farbe ist von dunklem, sattem Rubin-Granat. Im Bukett sind Aromen roter und dunkler Früchte, wie Johannisbeeren und Kirschen, auszumachen, die von dezenten Holzaromen ergänzt werden. Am Gaumen zeigen sich die tiefe, vielschichtige Frucht und die Holzaromen gut ausbalanciert. Der Wein ist gut strukturiert, verfügt über eine noch präsente Säure und dezente Tannine bei mittlerem Nachhall.

Frühestens ab Ende 2007 sollte er geöffnet und bei 17° bis 18 °C z. B. zu kräftigen Braten mit dunklen Saucen genossen werden. Bis etwa 2009 schmeckt er am besten.

Recher Herrenberg, Spätburgunder, 2004, QbA, trocken, 0,75 l, € 26,00

Qualität: ∗∗∗∗ (Sehr gut +)
Preis-Leistungs-Verhältnis: Sehr gut

Die Farbe dieses Spätburgunders ist von tiefem, dichtem Rubin-Granat. Komplex, vielschichtig und differenziert zeigt sich das Bukett mit reifer Beerenfrucht, Holz- und Röstnoten sowie Vanille.

Bei zunehmender Belüftung sind immer neue Facetten wahrnehmbar. Auch 5 Stunden nach dem Öffnen präsentiert sich der Wein noch sehr verschlossen. Im Stil dicht, straff gewirkt, elegant und ausgewogen, verlangen die präsenten Tannine und die präsente Säure bei langem Nachhall nach weiterer Lagerung. Der Wein sollte frühestens Ende 2009 geöffnet werden. Bis 2012 schmeckt er bei 18 °C zu Rehrücken, Hirschkeule oder einem Schokoladendessert am besten.

Recher Herrenberg, Frühburgunder, 2004, QbA, trocken, 0,75 l, € 33,00

Qualität: ✳✳✳✳ (Sehr gut +)
Preis-Leistungs-Verhältnis: Sehr gut

Zweifellos gehört dieser mit 85 ° Oechsle Mostgewicht geerntete Frühburgunder zu den fünf besten des Jahrgangs.

Ausdrucksvoll ist die Farbe: ein sattes, dichtes Kirsch-Rubin. Ausdrucksstark ist auch das komplexe, vielschichtige Bukett mit „süßer", reifer, dunkler Beerenfrucht. Anklänge von Brombeeren und Heidelbeeren werden von dezenten Röstnoten und einer Spur Vanille abgerundet.

Auch am Gaumen präsentiert sich der Wein mit dichter Fülle dunkler Beeren weich und samtig. Tannine und Säure sind mild und perfekt eingebunden. Der Wein klingt angenehm aus bei langem Nachhall.

Bereits von Mitte 2007 bis 2010 zeigt sich dieser Wein bei 17° bis 18 °C in Bestform. Dekantierung und 3 bis 4 Stunden Belüftung in der Karaffe sind obligatorisch.

Neuenahrer Sonnenberg, Spätburgunder, 2004, GROSSES GEWÄCHS VDP, QbA, trocken, 0,75 l, € 46,50

Qualität: ***** (Exzellent)
Preis-Leistungs-Verhältnis: Gut

In dunklem, ausdrucksvollem Rubin-Granat präsentiert sich dieser Wein. Ausdrucksstark zeigt sich auch das differenzierte, vielschichtige Bukett mit einer reifen, komplexen, „süßlichen" Beerenfrucht. Der Wein wirkt frisch, lebhaft und elegant mit Aromen von roten Beeren, dezenten, rauchigen Holznoten und feiner Vanille.

Dicht und vielschichtig ist dieser Spätburgunder auch am Gaumen. Eine komplexe, saftige Frucht, mit Eindrücken von Kirschen, Johannisbeeren, Brombeeren und Erdbeeren wird abgerundet durch differenzierte Röstaromen und Vanille. Trotz seiner Dichte und Komplexität ist der Wein gut strukturiert, schlank und elegant. Samtig, mit präsenter, aber unaufdringlicher Säure und bestens eingebundenen Tanninen mündet er in einen langen Nachhall.

Auch dieser Wein sollte erst ab 2009 aus dem Regal geholt werden. Bei 18 °C wird er bis 2015 sein Potenzial voll ausschöpfen.

Recher Herrenberg, Spätburgunder, 2004, GROSSES GEWÄCHS VDP, QbA, trocken, 0,75 l, € 55,00

Qualität: ✶✶✶✶✶ (Exzellent)
Preis-Leistungs-Verhältnis: Exzellent
Dieser Spätburgunder kommt aus der Kernlage des Recher Herrenbergs mit etwa 20 Jahre alten Rebstöcken.

Nahezu undurchdringlich ist die dunkle, intensive Farbe von Rubin-Granat mit violetten Anteilen. Auch nach Dekantierung und mehrstündiger Belüftung in der Karaffe ist der Wein noch verschlossen. Trotzdem schimmert eine mächtige, komplexe Frucht von dunklen, reifen Beeren (Brombeeren, Blaubeeren, Schwarzkirschen), gepaart mit feinen Röst- und Holzaromen und einer Spur Vanille, durch.

Am Gaumen ist der Wein verschlossen, mit konzentrierter, komplexer, dichter Beerenfrucht. Mineralisch, samtig, etwas kühl, mit dezenter Säure und mächtigen Tanninen mündet er im langen Nachhall.

Er sollte unbedingt noch bis 2010 gelagert werden. Erst dann wird er sich bis mindestens 2015 in Top-Form zeigen. Bei 18 °C ist er ein guter Begleiter zu Rehrücken, Hirschkeule, Wildschwein oder Wild-Fasan.

Ahrweiler Rosenthal, Spätburgunder, 2004, GROSSES GEWÄCHS VDP, QbA, trocken, 0,75 l, € 64,00

Qualität: ***** (Exzellent)
Preis-Leistungs-Verhältnis: Exzellent

In diesen Regionen wird die Luft für die meisten Burgunder-Winzer dünn, während Gerhard und Alexander Stodden mit fünf verschiedenen Gewächsen jenes Kalibers aufwarten können.

Natürlich sind es wieder alte Reben, denen dieser Spätburgunder seine Klasse verdankt. Nach 14 Tagen offener Maischegärung wird der Wein zu 100 Prozent in neuen Barriques 20 Monate lang ausgebaut.

Die Farbe ist von dunklem, intensivem, ausdrucksvollem Rubin-Granat mit violettem Einschlag. Eine „süße", reife, weiche Beerenfrucht mit Anklängen an Cassis und Schwarzkirschen, abgerundet durch feine Röstaromen, prägt das komplexe, tiefgründige Bukett.

Der Wein ist sehr dicht, komplex und vielschichtig am Gaumen. Ungemein elegant ist der Stil, dabei samtig, mit tiefer Beerenfrucht und feinen Röstaromen. Gut strukturiert, mit perfekt eingebundener Säure und Tanninen, klingt der Wein aus im langen Nachhall.

Zwischen 2008 und 2015 wird dieser Wein bei 18 °C, dekantiert und ausreichend in der Karaffe belüftet, feinsten Genuss bieten. Ein guter Begleiter zu Wild- und Wildgeflügel bester Qualität oder als „Meditationswein" ohne Speisen.

„Alte Reben", Spätburgunder, 2004, QbA, trocken, 0,75 l, € 67,00

Qualität: ✱✱✱✱✱ (Exzellent)
Preis-Leistungs-Verhältnis: Exzellent

Dieser Spätburgunder gehört zu den fünf besten der Ahr in diesem Jahrgang. Wurzelechte, mindestens 55 Jahre alte Rebstöcke und ein Ertrag unter 25 hl/ha sind die Basis dieser ungewöhnlichen Qualität. Der Ausbau erfolgte 16 Monate zu 100 Prozent in neuen Barriques aus bester französischer Eiche.

Die Farbe zeigt ein tiefes, sattes, unergründliches Rubinrot. Das Bukett ist ein tiefgründiges, differenziertes und vielschichtiges Geflecht aus roten und dunklen Beeren, komplexen Röst- und Holznoten, feiner Vanille und feinsten Gewürznoten. Reif und „süßlich" wirkt die opulente Beerenfrucht.

Am Gaumen präsentiert sich der Wein kraftvoll, mit enormer Frucht, dicht, komplex, samtig, bestens strukturiert und elegant. Mit milder Säure und dezenten Tanninen ist er perfekt ausgewogen bei enorm langem Nachhall. Am zweiten Tag der Probe gewann der Wein nochmals deutlich.

Der Wein ist heute bereits gut zu trinken, jedoch wird Geduld auch hier belohnt. Zwischen 2009 und 2015 ist er bei 18 °C ein echter Hochgenuss für den ganz besonderen Anlass. Kombinieren Sie ihn mit dem besten Wild oder Wildgeflügel, oder genießen Sie ihn ohne Speisebegleitung in einer kleinen Runde Gleichgesinnter.

Weitere empfehlenswerte Weingüter

Weingut Peter Kriechel

Walporzheimer Straße 83–85
53474 Bad Neuenahr-Ahrweiler
Tel. (02641) 36193
www.weingut-kriechel.de

Öffnungszeiten:

Montag – Freitag	8 bis 19 Uhr
Samstag	8 bis 18 Uhr
Sonntag und Feiertage	10 bis 18 Uhr
und nach Vereinbarung	

Im Weingut Peter Kriechel tut sich einiges – es geht dynamisch voran. Äußeres Zeichen der Veränderung sind auch die kürzlich überarbeiteten, eleganten Etiketten.

Mit 20 Hektar gehört das 1952 gegründete Weingut zu den größten privaten Betrieben an der Ahr. Beste Lagen befinden sich im Neuenahrer Sonnenberg, Ahrweiler Rosenthal und Walporzheimer Kräuterberg. Die Weine sind überwiegend nicht für eine lange Lagerung ausgelegt und sollten im ersten bis dritten Jahr nach der Abfüllung getrunken werden. Der Stil ist klassisch und elegant. Besonders empfehlenswert sind die Weine der Jubilus-Serie, die 2002 anlässlich des 50-jährigen Bestehens des Guts erstmals abgefüllt wurden, sowie die Spät- und Frühburgunder aus den vorstehend genannten Lagen. Probierenswert ist auch der Portugieser aus alten Rebanlagen.

Weingut Peter Lingen

Teichstraße 3
53474 Bad Neuenahr-Ahrweiler
Tel. (02641) 29545
www.weingut-lingen.de

Öffnungszeiten:
  Telefonische Voranmeldung ratsam

Weinbau wird hier seit 1599 in der inzwischen zehnten Generation betrieben. Von den rund 4 Hektar Weinbergsflächen ist knapp die Hälfte mit Spätburgunder bepflanzt. Beste Lagen befinden sich im Neuenahrer Sonnenberg, in der Neuenahrer Schieferlay und im Ahrweiler Ursulinengarten. Das Sortiment ist ausgewogen und bietet Weinfreunden, die nicht unbedingt die hochpreisigen Spitzenweine suchen, eine gute Auswahl handwerklich solide erzeugter Qualitätsweine.

Urlaub beim Winzer ist hier dank zweier hell und freundlich ausgestatteter Ferienwohnungen ebenfalls zu erschwinglichen Preisen möglich.

Weingut Sermann-Kreuzberg

Seilbahnstraße 22
53505 Altenahr
Tel. (02643) 7105
www.sermann.de

Öffnungszeiten:
Montag – Samstag	10 bis 18 Uhr
Mittwoch	nur nach Vereinbarung
Sonntag und Feiertage	10 bis 18 Uhr

Seit 1775 hat sich die Familie dem Weinbau verschrieben. Heute verfügt der Betrieb über ca. 7,5 Hektar Weinberge, wovon 0,5 Hektar an der Mosel liegen. Im Mayschosser Burgberg, der 1989 neu bepflanzt wurde, und im Altenahrer Eck liegen die besten Rebparzellen des Weinguts.

Die Probierstube ist hell und freundlich eingerichtet. Während der Saison wird im Gutsausschank eine empfehlenswerte ländliche Küche angeboten. Das Sortiment umfasst handwerklich solide erzeugte Qualitätsweine zu günstigen Preisen. Neben den roten Spätburgundern der vorstehend genannten Lagen bietet besonders im Sommer der „Weiß von Rot" gekelterte Spätburgunder „Bellabianca" einen erfrischenden Genuss, ebenso wie die handgerüttelten Sekte, für die eigenes Lesegut im Weingut selbst verarbeitet wird.

Nicht nur nach einer zünftigen Weinprobe können die zwei mal zwei Gästezimmer gebucht werden (Seilbahnstraße 22 und Weinbergstraße 30, jeweils in Altenahr).

Weingut Sonnenberg

Heerstraße 98
53474 Bad Neuenahr-Ahrweiler
Tel. (02641) 6713
www.weingut-sonnenberg.de

Öffnungszeiten:

Montag – Freitag	10 bis 12 Uhr / 13 bis 18 Uhr
Samstag	10 bis 14 Uhr
Sonntag und Feiertage	10 bis 12 Uhr

1981 wurde das Weingut Sonnenberg gegründet. Heute verfügt der Betrieb über 6 Hektar Weinberge, von denen 65 Prozent mit Spätburgunder bepflanzt sind. Mit 15 Prozent nimmt auch der Grauburgunder einen hohen Stellenwert ein. Beste Rebparzellen befinden sich im Neuenahrer Sonnenberg, in der Neuenahrer Schieferlay und im Ahrweiler Ursulinengarten.

Der Stil ist klassisch elegant und die Weine sollten bevorzugt im ersten bis dritten Jahr nach der Abfüllung getrunken werden. Empfehlenswert sind neben den Spätburgundern aus den vorstehend genannten Lagen auch der Spätburgunder „Tradition" und die „Innovation", eine Cuvée aus Spätburgunder, Domina und Regent.

Das Sortiment ist preiswürdig und von solider Qualität, wobei man hier noch nicht alle Möglichkeiten ausgeschöpft hat.